道徳科授業サポートBOOKS

道徳授業の PDCA

指導と評価の一体化で授業を変える！

毛内嘉威 編著

明治図書

まえがき

　平成30年４月より「特別の教科　道徳」(以後「道徳科」)がスタートしました。

　全面実施された学校現場からは、「教科化になって道徳授業はどう変わるのか」「道徳の評価をどうすればいいのか」「通知表になんとコメントすればいいのか」そんな声が多く聞かれます。教師の不安を解消し、子供たちの道徳性を育成する具体的な提案をすることは大事です。それは、「考え、議論する」道徳へと質的転換を図ることであり、子供の心と頭をアクティブにする道徳授業へと改善することです。

　道徳科は、よりよく生きるための基盤となる道徳性(内面的資質)を育てることをねらいとしています。また、道徳教育には子供一人一人が、今後出会うであろう困難な問題に主体的に対処することのできる実効性のある力を育成していくことが強く求められています。道徳教育の要となる道徳科は、道徳性を養うために重視すべきより具体的な資質・能力とは何かを明確にし、道徳的価値の自覚や自己の生き方についての考えを深め、いかに生きるべきかを自ら考え続ける姿勢や道徳的実践につなげていくことが求められています。

　この実現のためには、「主体的・対話的で深い学び」のある道徳授業を構想することが大切です。また、そのような授業をつくるサイクルを構築することです。

　教師は、常に学習指導過程や指導方法を振り返りながら、子供の学習状況の把握を基に、授業に対する評価と改善を行うことが重要です。教師が、自らの指導を評価し、その評価を授業の中でさらなる指導に生かすことが、指導の改善につながります。計画から授業実施、評価までを一つのサイクルと捉え、授業改善や子供の成長に生かしていくことが大切だと感じます。

　本書では、これらの考え方を基に、道徳授業のPDCAサイクルを提案するとともに、指導と評価の考え方や具体例をしっかりと見えるものにし、根幹をおさえたバイブルのような１冊にしたいと考えています。

　本書の出版にあたって、特別寄稿をいただきました文部科学省初等中等教育局教育課程課教科調査官の浅見哲也先生をはじめ、お忙しい折にもかかわらず、原稿を寄せてくださいました執筆者の皆様、また関係する学校・子供・同僚の多くの皆様に御礼申し上げます。

　最後に、道徳科が、子供たち自身が自らの命を最大限に輝かせて、幸せな人生を歩む原動力となることを切に願っています。

編著者　毛内　嘉威

目 次

まえがき

特別寄稿 道徳科の授業の指導と評価の一体化 ……………7

浅見　哲也

1章　道徳授業の PDCA

指導と評価の一体化に基づく授業づくりの必要性 …………………12

「P」－道徳授業の計画（Plan）
　①全体計画と年間指導計画 ………………………………16
　②年間指導計画作成のポイント―実働性を高める― ………18
　③特徴のある年間指導計画例１ ………………………………20
　④特徴のある年間指導計画例２ ………………………………22
　⑤授業計画の進め方 ………………………………………24

「D」－道徳授業の実践（Do）
　①計画に基づいた授業実践 ………………………………26
　②計画からぶれてはいけないポイントと臨機応変な対応 ………28

「C」－道徳授業の評価（Check）
　①道徳科における評価の考え方 ………………………………30
　②子供の学習状況及び成長の様子についての評価 ………32
　③道徳科の授業に対する評価 ………………………………34

「A」－道徳授業の改善（Action）
　①評価を生かした授業改善のポイント ………………………36
　②具体例で見る改善の方法 ………………………………38

2章　学年別　PDCAを生かした道徳授業&評価

低学年
「金のおの」の授業モデル（A−⑵正直，誠実）……………………………42

「ぐみの木と小鳥」の授業モデル（B−⑺親切，思いやり）……………………46

「およげないりすさん」の授業モデル（C−⒀公正，公平，社会正義）…………50

「ハムスターの赤ちゃん」の授業モデル（D−⒆生命の尊さ）…………………54

「空いろのたまご」の授業モデル（D−⒇自然愛護）…………………………58

「くりのみ」の授業モデル（B−⑽友情，信頼）………………………………62

中学年
「見つからないリコーダー」の授業モデル（A−⑶節度，節制）………………68

「心と心のあく手」の授業モデル（B−⑺親切，思いやり）…………………72

「雨のバスていりゅう所で」の授業モデル（C−⑿規則の尊重）………………76

「ブラッドレーのせい求書」の授業モデル（C−⒂家族愛，家庭生活の充実）……80

「ひきがえるとろば」の授業モデル（D−⒆生命の尊さ）……………………84

「ヒキガエルとロバ」の授業モデル（D−⒆生命の尊さ）……………………88

高学年
「うばわれた自由」の授業モデル（A−⑴善悪の判断，自律，自由と責任）………94

「手品師」の授業モデル（A−⑵正直，誠実）…………………………………98

「ブランコ乗りとピエロ」の授業モデル（B−⑾相互理解，寛容）……………102

「六年生の責任って？」の授業モデル（C−⒃よりよい学校生活，集団生活の充実）………106

「真海のチャレンジ―佐藤真海―」の授業モデル（D−㉒よりよく生きる喜び）………110

「一ふみ十年」の授業モデル（D−⒇自然愛護）………………………………114

3章　道徳科の通知表＆指導要録作成のポイント

道徳科の通知表＆指導要録作成について ……………………………122
通知表＆指導要録の記入文例
　①低学年 ………………………………………………………………128
　②中学年 ………………………………………………………………130
　③高学年 ………………………………………………………………132
通知表＆指導要録の NG 例 ……………………………………………134

4章　道徳授業＆評価に関わるQ＆A

　Q1　大くくりな評価とはどのようなことでしょうか？ ……………138
　Q2　評価をどうやって次の授業に生かせばよいでしょうか？ ……139
　Q3　通知表と指導要録に記入する文章にはどのような違いがありますか？ ……140
　Q4　1時間で一人一人の学習状況を確認するのは難しいです。
　　　 どのような方法がありますか？ ……………………………………141
　Q5　道徳授業に否定的な保護者がいます。どのような配慮が必要でしょうか？ …142
　Q6　道徳科の評価は，なぜ個人内評価なのでしょうか？ ……………143

特別寄稿 道徳科の授業の指導と評価の一体化

文部科学省初等中等教育局教育課程課教科調査官
国立教育政策研究所教育課程研究センター研究開発部教育課程調査官　浅見　哲也

道徳の「特別の教科」化によって変わること

　昭和33年9月の道徳の時間の特設以来，ちょうど60年の年月を経て，平成30年4月，特別の教科として道徳科が始まった。これまでの道徳の時間が教科になったことによって大きく変わったことが，検定教科書の導入と道徳科の授業で児童を評価し，指導要録等に記録を残すことである。教科用図書（以下，教科書）の使用については，主たる教材として教科書を活用しながらも，各学校の児童の実態に即して地域教材等も織り交ぜながら年間指導計画を作成し，年間35時間以上の道徳科の授業を実施しているところである。また，評価に関しては，指導要録だけでなく，各学校のいわゆる通知表にも評価の枠を設け，道徳科の授業で見取った評価を保護者に伝えるために，どのような記述が適切なのかを各学校で検討しながら評価を始めているところである。

　このように，求められている教育の変化を敏感に感じ取り，しっかりと対応しようとするのが教師のすばらしいところであり，こうした教師の姿勢がこれまでの質の高い日本の教育を支えてきたことは，間違いのないことである。しかしながら，「木を見て森を見ず」というように，表面上の変化にばかり目を奪われてしまうと，その本質を見失ってしまう。特に，道徳科の評価については，児童への評価の仕方に関心が高まり，教師自身の授業に対する評価は影をひそめているようである。

　道徳科にかぎらず，学習における評価とは，児童の側から見れば，自らの成長を実感し，意欲の向上につなげていくもの。そして，教師の側から見れば，教師が目標や計画，指導方法の改善・充実に取り組むためのものである。道徳が「特別の教科」化され，今，まさに，指導に生かされ，児童の成長につながる評価が求められている。

指導と評価の一体化

　道徳科は，よりよく生きるための基盤となる道徳性を養うため，内面的資質である道徳性の諸様相（道徳的判断力，道徳的心情，道徳的実践意欲と態度）を育てることをねらいとしている。教師は，常に自らの授業を振り返りながら評価し，質の高い授業を目指すことが求められ

る。一方，児童の評価については，内面的資質である道徳性が養われたか否かは，授業で容易に判断できるものではない。そのことから，評価の対象は児童の学習状況であり，学習状況を適切に把握し評価することが求められている。児童の学習状況は，当然，指導によって変わるものである。だからこそ，道徳科における児童の学習状況の把握と評価は，教師が明確な指導の意図をもって授業を行うことがその前提にある。

　道徳科では，教師はねらいをもって授業を行うことになる。その授業のねらいでは，内容項目を手がかりとして育てようとする道徳性の様相を明らかにしている。しかし，実際に児童の評価の対象となるものは児童一人一人の道徳性ではなく学習状況であり，特に，児童がより多面的・多角的な見方へと発展しているか，道徳的価値の理解を自分自身との関わりの中で深めているかといった点を重視することから，授業のねらいとは切り離されたかのように児童の学習状況を捉え，評価されるのではないかという懸念がある。

　学習状況とは，まさに道徳科の授業における児童の学びの姿であり，児童が，道徳的諸価値についての理解を基に，自己を見つめ，物事を多面的・多角的に考え，自己の生き方についての考えを深める姿である。これは，道徳科の目標で示されている学習活動である。このような学びがあるからこそ児童の道徳性は養われ，よりよく生きるための適切な判断ができるようになるのであり，道徳科ではその学びの姿の成長の様子を評価するのである。意図もなく行った授業で，偶然観察できた児童の多面的・多角的な見方や自分自身との関わりの中で捉えた考えを評価するものではない。教師は，あくまでも，その授業のねらいとする道徳的価値に関わる道徳性の様相を育てるために，学習指導過程や指導方法を工夫しながら道徳科の主体的・対話的で深い学びを構想し，そのような指導の工夫により表出した児童の学びの姿を継続的に把握し評価する。これが，指導と評価の一体化である。

道徳科の授業に対する評価

　道徳科の学習指導過程や指導方法に関する評価の観点は，それぞれの授業によってより具体的なものとなるが，次のようなものが考えられる。

ア　学習指導過程は，道徳科の特質を生かし，道徳的価値の理解を基に自己を見つめ，自己の生き方について考えを深められるよう適切に構成されていたか。また，指導の手立てはねらいに即した適切なものとなっていたか。

イ　発問は，児童が多面的・多角的に考えることができる問い，道徳的価値を自分のこととして捉えることができる問いなど，指導の意図に基づいて的確になされていたか。

ウ　児童の発言を傾聴して受け止め，発問に対する児童の発言などの反応を，適切に指導に生かしていたか。

エ　自分自身との関わりで，物事を多面的・多角的に考えさせるための，教材や教具の活用は

適切であったか。

オ　ねらいとする道徳的価値についての理解を深めるための指導方法は，児童の実態や発達の
　　段階にふさわしいものであったか。

カ　特に配慮を要する児童に適切に対応していたか。

　教師は，自らの記憶や授業中のメモ，板書等によって学習指導過程や指導方法を振り返った
り，児童が考えを書き残した記録を見たりして，児童の学習状況を確かめ，それらに基づく自
らの授業に対する評価を行うことが大切である。また，授業を公開して参観した他の教師から
指摘を受けたり，ティーム・ティーチングの協力者などから評価を得たりする機会を得ること
も重要である。

道徳科における児童の評価

　道徳科の評価の具体的な在り方については，平成27年6月から平成28年7月にかけて道徳教
育に係る評価等の在り方に関する専門家会議で検討され，平成28年7月22日「『特別の教科
道徳』の指導方法・評価等について（報告）」において次のように示された。

・数値による評価ではなく，記述式とすること。

・個々の内容項目ごとではなく，大くくりなまとまりを踏まえた評価とすること。

・他の児童との比較による評価ではなく，児童がいかに成長したかを積極的に受け止めて認め，
　励ます個人内評価として行うこと。

・学習活動において児童がより多面的・多角的な見方へと発展しているか，道徳的価値の理解
　を自分自身との関わりの中で深めているかといった点を重視すること。

・発達障害等のある児童が抱える学習上の困難さの状況等を踏まえた指導及び評価上の配慮を
　行うこと。

・調査書に記載せず，入学者選抜の合否判定に活用することのないようにすること。

　特に，「児童がいかに成長したかを積極的に受け止めて認め，励ます個人内評価」とは，あ
る一つの授業のみで児童の学習状況を評価したり，学習状況の事実のみを評価したりすること
にとどまらず，継続的な授業を行いながら，一人一人の児童を認め，励まし，勇気づける評価
をすることである。決して，いくつかの評価の文例に児童をあてはめて評価するようなことが
あってはならない。道徳科で養う道徳性は，児童が将来いかに人間としてよりよく生きるか，
いかに諸問題に適切に対応するかといった人間の問題に関わるものである。このことから，道
徳科の評価の基盤には，教師と児童との人格的なふれあいによる共感的な理解が存在すること
が重要である。その上で，児童の成長を見守り，努力を認めたり，励ましたりすることによっ
て，児童が自らの成長を実感し，さらに意欲的に取り組もうとするきっかけとなるような評価
を目指すことが求められる。

特別寄稿　◆　9

道徳科の授業における PDCA サイクルの確立

　道徳科の授業を行うにあたって大切にしたいのが，児童の実態把握である。次に行う授業のねらいとする道徳的価値について，今，目の前にいる児童にはどのような実態があるのかをしっかりと踏まえて授業に臨むことが大切である。そのためには，児童の日常生活の様子を把握することはもちろんであるが，全教育活動を通じて行う道徳教育への意識をしっかりともち，全教職員の共通理解の下に，様々な教育活動で意図的な指導を行うことである。その結果として，児童に何が身につきつつあり，何が課題として残っているのかを把握することが重要である。その課題となっていることについて授業で考えることこそが，児童にとっては新たな気づきや変容が生まれることになる。教師が明確な意図をもって授業をすることの重要性はここにあり，これが Plan となる。

　次には，教師の意図をどのように授業に反映させるかということが重要であり，児童が何について考え，何に気づいていきながら道徳性を養っていくのかをコーディネートしていく。具体的には，導入では，児童がどのように問題意識をもって授業に臨めるようにするのか，そして，教科書等の教材を活用しながら，その問題を自分事として受け止め，自分との関わりで捉え，多面的・多角的に考えることを通して，自己の生き方についての考えを深められるようにする。「主体的な学び」「対話的な学び」そして，「深い学び」のある授業を行うために，教師は学習指導過程や指導方法を工夫する。これが Do である。

　その結果として，児童にどのような気づきや変容が見られたのかを確認する。また，ここで特に重視されている児童の学習状況は，前述した道徳科の授業に対する評価の観点においても示されていたとおり，一面的な見方から多面的・多角的な見方へと発展しているか，道徳的価値の理解を自分自身との関わりの中で深めているかといった点である。このような児童の学びの姿を，どのように客観的に捉え，自らの授業を振り返ることができるのか，その見取るための手立ても考える必要がある。つまり，Check の仕方を検討することも大変重要なことである。

　そして，改善すべき点を明らかにして授業を改善し，より効果的な指導を行うこと，さらにその成果を校内に広めたり，全教職員で深めたりすること，つまり，Action を起こし，道徳科の授業の質を着実に高めていくことが望まれる。

　これまで，道徳科になる以前から，P と D については積極的に取り組んでこられたが，C と A については，まだ十分に明らかにされていないことが多い。だからこそ，道徳科元年というこの重要な時期に，PDCA サイクルを通して指導と評価を一体的に捉え，授業改善の在り方を提唱していただくことは大変意義のあることであり，本書の取り組みに大きな期待を寄せるところである。

1章

道徳授業
の
PDCA

指導と評価の一体化に基づく
授業づくりの必要性

道徳科における指導と評価の一体化

　道徳科における評価とは，指導に生かされ，子供の成長につながる評価である。つまり，教師が授業改善を行うための資料となる評価であり，子供のよい点や成長の様子などを積極的に捉え，認め励ます評価である。

　道徳科は，よりよく生きるための基盤となる道徳性（内面的資質）を育てることをねらいとしている。教師は，常に学習指導過程や指導方法を振り返りながら，子供の学習状況の把握を基に，授業に対する評価と改善を行うことが重要である。これが，指導と評価の一体化である。教師が，自らの指導を評価し，その評価を授業の中でさらなる指導に生かすことが，指導の改善につながる。

　指導と評価に基づく授業づくりとは，教師が道徳授業のねらいとする道徳的価値に関わる道徳性の諸様相を育てるために，学習指導過程や指導方法を工夫しながら，道徳科の主体的・対話的で深い学びを構想し，その指導の工夫により表出した子供の学びの姿を継続的に把握し評価すること（指導と評価の一体化）である。

道徳授業の PDCA サイクル

　質の高い道徳授業の構築には，明確な意図をもって指導の計画を立て，授業の中で予想される具体的な子供の学習状況を想定し，学習指導過程や指導方法を工夫しながら，道徳科の主体的・対話的で深い学びを構想し，さらに，授業の振り返りの観点（評価の視点）を立てて臨むことが重要である。こうした指導と評価の一体化の視点をもった道徳授業の実現のためには，計画から授業実施，評価までを一つのサイクルと捉え，授業改善や子供の成長に生かしていくことこそが大切である。この考え方が，道徳科における指導と評価の一体化であり，道徳授業のPDCAサイクルの実現ということになる。

❶「P」－道徳授業の計画（Plan）
　道徳授業のねらいは，よりよく生きるための基盤となる道徳性を育てることであり，そのた

めには子供の実態把握等に基づく指導計画（全体計画，別葉，年間指導計画）が必要不可欠である。それは，教職員が一丸となって，学校教育目標の具現化を図ることでもある。

　まずは，学校・家庭・地域の実態から，どのような子供を育てていくのかを明らかにし，道徳教育の重点目標や重点的に指導する内容項目を設定して取り組むための計画（全体計画，別葉）を立て，全教職員で共通理解することが大切である。

　次に，主たる教材としての教科用図書を使用して，重点的な指導や内容項目の関連を密にした指導や一つの内容項目を複数時間で取り入れる指導，効果的な教材の活用方法などを盛り込んだ年間指導計画を作成し，それに基づいて道徳授業を実施することである。

❷ 「D」－道徳授業の実践（Do）

　道徳授業の質的転換を表すものに「考え，議論する道徳」がある。これは，全ての教科等の学習・指導改善の視点として使われている「主体的・対話的で深い学び」と同じ意味であり，指導と評価の一体化に基づく授業づくりの根本であるといえる。

　これからの道徳授業は，発達の段階に応じ，道徳的諸価値についての理解を基に，道徳的な課題を一人一人の子供が自分自身の問題と捉え，「主体的・対話的で深い学び」のある授業を構想し，質の高い授業に質的転換を図ることが求められている。これまで以上に自分との関わりで（自分事として）捉え，多面的・多角的に考えていく授業が大切になってくる。

❸ 「C」－道徳授業の評価（Check）

　道徳授業においては，子供に主体的に考えさせることを明確にして，「道徳的諸価値についての理解を基に，自己を見つめ，物事を多面的・多角的に考え，自己の生き方についての考えを深める」という目標に掲げる学習活動が展開されていなければならない。

　そのためには，子供にどのような気づきや変容が見られたのかを確認する必要がある。道徳授業の観点でもある「一面的な見方から多面的・多角的な見方へと発展しているか（対話的な学び）」「道徳的価値の理解を自分自身との関わりの中で深めているか（主体的な学び）」そして「自己の生き方についての考えを深められたか（深い学び）」という観点から自らの授業を振り返り，子供の学びの姿から道徳授業を捉え直すことは重要である。

❹ 「A」－道徳授業の改善（Action）

　「主体的・対話的で深い学び」という授業改善の視点から，より質の高い，より効果的な指導を追求することが重要である。そして，よりよく生きるための基盤となる内面的資質（道徳性）が育っているのかを検証し，授業改善を図ることである。そのためには，教職員が成果と課題について共通理解を図ったり，校内研究等を通して深めたりして，質の高い道徳授業を目指してチーム学校として取り組むことである。つまり，アクションを起こすことである。

1章　道徳授業のPDCA　◆　13

道徳科における「主体的・対話的で深い学び」

> 「第3章　特別の教科　道徳」の「第1　目標」
> 　第1章総則の第1の2の(2)に示す道徳教育の目標に基づき，よりよく生きるための基盤となる道徳性を養うため，道徳的諸価値についての理解を基に，自己を見つめ，物事を多面的・多角的に考え，自己の生き方についての考えを深める学習を通して，道徳的な判断力，心情，実践意欲と態度を育てる。
> ※下線は筆者

　道徳科の目標の下線の学習活動は，道徳科における「主体的・対話的で深い学び」を表現している。指導と評価の一体化に基づく授業づくりとは，道徳科でいう「考え，議論する道徳」，つまり「主体的・対話的で深い学び」を具体的に展開することである。

❶道徳的諸価値を理解する

　よりよく生きるための基盤となる道徳性を養うためには，道徳的諸価値の意義及びその大切さを理解する学習を欠かすことはできない。

　「道徳的価値の理解」とは，道徳的価値の意味を捉えること，また，その意味を明確にしていくことである。内容項目を，人間としてよりよく生きる上で大切なことであると理解すること（価値理解），道徳的価値は大切であってもなかなか実現することができない人間の弱さなども理解すること（人間理解），道徳的価値を実現したり実現できなかったりする場合の感じ方・考え方は一つではない，多様であることを前提として理解すること（他者理解）である。

❷自己を見つめる（自分との関わりで考える）

　これからの道徳授業では，自分事として主体的に捉えて考えることが大切である。したがって，様々な道徳的価値について，自分との関わりも含めて理解し，それに基づいて内省する「主体的な学び」が求められる。真摯に自己と向き合い，自分との関わりであらためて道徳的価値を捉え，一個のかけがえのない人格としてその在り方や生き方などの自己理解を深めていく「主体的な学び」が必要不可欠となる。

❸多面的・多角的に考える

　これからの課題に対応するためには，人としての生き方や社会の在り方について，多様な価値観の存在を前提にして，他者と対話し協働しながら，多面的・多角的に考察することである。

　物事を多面的・多角的に考える学習では，例えば，ペアや小グループでの話し合い活動を取り入れるなど，「対話的な学び」を促すことが重要である。道徳科における「対話的な学び」は，多面的・多角的な考えを基に話し合い，子供が様々な相手との対話を通して自己とも対話し，自分自身の道徳的価値の理解を深めたり広げたりすることである。

❹自己の生き方についての考えを深める

　子供にとって，道徳的価値の理解を基に自己を見つめるなどの道徳的価値の自覚を深める学習を通して，自分自身の問題として受け止め，他者の多様な感じ方や考え方にふれながら，自己の生き方についての考えを深めていく深い学びのある授業を展開することは大切である。「深い学び」のある道徳授業は，子供がこれまでの生き方を振り返ったり，これからの生き方に希望をもったりできるようにすることであり，自分の心と向き合い真剣に考えることである。

道徳科の特質を生かす

❶問題意識と指導過程

　道徳科の学習指導過程については，一般的には，導入，展開，終末の各段階を設定して行われている。その導入においては，主題や教材の内容に興味や関心をもたせることが大切である。主体的・対話的で深い学びの実現のためにも，本時の主題に対する問題意識をもたせて授業に臨むことが重要になる。

❷道徳科の特質を生かした指導過程

　道徳科の学習指導過程には，特に決められた形式はないが，一般的には，導入，展開，終末の各段階を設定している。これを基本とするが，学級の実態，指導の内容や教師の指導の意図，教材の効果的な活用などに合わせて弾力的に扱う工夫が大切である。

ア　問題意識を大事にした導入の工夫

　導入は，主題に対する子供の興味や関心を高め，ねらいの根底にある道徳的価値の理解を基に自己を見つめる動機づけを図る段階である。具体的には，本時の主題に関わる問題意識をもたせたり，教材の内容に興味や関心をもたせたりすることが大切である。

イ　展開の工夫

　展開は，ねらいを達成するための中心となる段階であり，中心的な教材によって，子供一人一人が，ねらいの根底にある道徳的価値の理解を基に自己を見つめ，多面的・多角的に考える段階である。具体的には，教材に描かれている道徳的価値に対する子供一人一人の感じ方や考え方を生かし，自分との関わりで道徳的価値を理解したり，物事を多面的・多角的に考えたり，自分の問題として深く自己を見つめたりする学習を展開することである。

ウ　終末の工夫

　終末は，ねらいの根底にある道徳的価値に対する思いや考えをまとめたり，道徳的価値を実現することのよさや難しさなどを確認したり，新たにわかったことを確かめたり，学んだことをさらに深く心にとどめたりして，今後の発展につなぐ段階である。また，自らの道徳的な成長や明日への課題などを実感できるよう，工夫が求められる。

(毛内　嘉威)

「P」－道徳授業の計画（Plan）

①全体計画と年間指導計画

道徳教育の全体計画の作成—機能性と活用性を高める—

　道徳教育の全体計画は，学校における道徳教育の基本的な方針を示すとともに，学校の教育活動全体を通して，道徳教育の目標を達成するための方策を総合的に示した教育計画である。総合的な方策であるため，単に各教育活動における道徳教育上の目標や理念を羅列的に示したものやどこの学校でもあてはまる一般的なものであってはならない。児童や学校，地域の実態を踏まえ，本校ではどのようなことを重点に道徳教育を推進するのか，各教育活動はどのような役割を分担し関連を図るのか，家庭や地域社会との連携をどう進めていくのかという方法を明確に示していく必要がある。

　全体計画を作成する前提として，校長は，本校として推進したい道徳教育の方針を全職員に明確に示さなければならない。この方針を受け，道徳教育推進教師が中心となり，全職員の参画・分担・協力による組織的な道徳教育の推進体制を築き上げていくことが大切である。

　道徳教育の全体計画の作成にあたって重視したいのは，次の7点である。

①校長の方針を共有する

　校長の方針は，全職員が協力して学校の道徳教育の諸計画を作成し，展開し，その不断の改善，充実を図っていく上での拠り所となる。自校の道徳教育を方向づけるミッションとして，全職員で，総合的な道徳教育推進構想の羅針盤を共有したい。

②道徳教育推進上の課題を明確にする

　児童の実態や課題，教職員，保護者や地域住民の願いを受け止め，自校の道徳教育上の課題や重点目標を浮き彫りにし，その解決と充実のための見通しをもつ。

③全職員が作成に関与，参画し，その英知を結集できる組織体制を確立する

　全職員が各校務分掌の立場から，課題の解決に向かって，教育活動全体で行う道徳教育の役割や関連を明確にしていく。個々の教職員の心に火を灯し，全ての教職員を巻き込み，校長とともに，道徳教育充実のためのチームワークを高める鍵が道徳教育推進教師に求められる。

④特色を打ち出す

　特色ある学校づくりの一環として，学校課題を踏まえ，地域に根ざし，伝統や校風を生かした自校ならではの特色ある全体計画の作成を目指していく。

⑤実際に機能し，活用できる計画となることを目指す

　目標の一覧にとどまることなく，それぞれの教育活動で，何のために，いつ，どのようなことに取り組むのか内容や時期を示し，実際に生きて働く機能性を重視した計画とすることに力点を置く。各教科等で行う道徳教育の内容や時期を整理したものを各学年組織と教科等の部会で検討し，「別葉」として加えることでより具体的に機能していくことが期待できる。

〈全体計画の別葉の例〉

・各教科等における道徳教育に関わる指導の内容及び時期を整理したもの

・道徳教育に関する体験活動や実践活動の時期等が一覧できるもの

・道徳教育の推進体制や家庭や地域社会等との連携のための活動等がわかるもの

⑥着実な実践を見届け，さらなる改善に生かす評価機能を充実させる

　学年会や教科等の部会で全体計画の推進状況を見届け，確認し，その成果や課題を記せる簡単な記録欄を設けたり，チェックリストを添付したりすることで改善に生かせるものにする。

⑦保護者や地域住民に公表する

　今回の学習指導要領では，社会に開かれた教育課程の実現が強く求められている。相互の理解と連携を深めるためにも，道徳教育の全体計画も積極的に公表・公開し，意見を求めていくことが重要である。そのためにも，保護者や地域の方々にもわかりやすい表現で提示したり，写真やイラストを盛り込み，レストランのメニューのようなわくわく感を醸し出すように工夫を凝らしたり，道徳だよりや学校のホームページに反映させたりしていくことも大切である。

道徳科の年間指導計画作成の意義

　道徳科の年間指導計画は，道徳科の指導が，道徳教育の全体計画に基づき，児童の発達の段階に即して計画的，発展的に行われるように組織された全学年にわたる年間の指導計画である。道徳科の指導計画については，学習指導要領の第3章の第3の1に，「各学校においては，道徳教育の全体計画に基づき，各教科，外国語活動，総合的な学習の時間及び特別活動との関連を考慮しながら，道徳科の年間指導計画を作成するものとする」と規定されている。「作成するものとする」という表現は，義務を伴う表現であり，道徳教育の全体計画と同様に全学校が必ず作成しなければならない指導計画である。この指導計画には，道徳科において指導しようとする内容について，児童の実態や多様な指導方法を考慮して，学年段階に応じた主題を構成し，この主題を年間にわたって適切に位置づけ，配列し，学習指導過程を示すなど授業を円滑に行うことができる工夫が強く求められる。

　この年間指導計画は，①6学年間を見通した計画的，発展的な指導を可能にする，②個々の学級において道徳科の学習指導案を立案する拠り所となる，③学級相互，学年相互の教師間の研修の手がかりとなる，など重要な意義をもつ。

（廣瀬　仁郎）

1章　道徳授業のPDCA　◆　17

「P」－道徳授業の計画（Plan）

②年間指導計画作成のポイント
―実働性を高める―

　年間指導計画は，各学校において道徳科の授業を計画的，発展的に行うための指針となり，個々の学級において道徳科の学習指導案を立案する拠り所となるものである。したがって，年間にわたって質の高い道徳授業の着実・確実な実践が担保できるため活用しやすく生きて働く年間指導計画の作成が強く求められる。次に道徳科の年間指導計画作成のポイントを記したい。

❶道徳教育の全体計画に基づき，各学年の基本方針を明確にする

　全体計画に示されている道徳教育の目標に基づき，道徳科における指導について学年ごとの基本方針を構想，確認する。
・学校全体としての重点内容項目と各学年段階の重点内容項目をおさえる。
・各学年段階の「道徳科」の指導の重点と方針を明確にする。

❷各学年の年間にわたる主題一覧の構想を練る

　いつ，どういう主題で，どのような教材を用いて道徳科の授業を行っていくか，次の諸点から年間の見通しをもって一覧表にまとめる。
①指導の時期，主題の性格，他の教育活動との関連，地域社会の行事，季節的変化などを考慮し，主題の配列を考える。
②学校全体及び各学年段階の重点内容項目については，複数時間を配置する。
・指導の時期をずらし，数回にわたり，系統的・発展的に指導が深められるようにする。
　（一つの主題を2時間以上にわたって指導する多時間扱いの構想）
・一定のテーマに基づき，異なる内容項目を「連」としてつなぎ，小単元的なユニットとして複数時間の指導構想を設ける。
　（重点的な指導を行う内容を複数の教材による指導と関連づけて進める構想）
③使用義務を伴う教科用図書を中心に主題に即した教材を決める。各地域に根ざした地域教材の位置づけなども視野に入れ，多様な教材の活用についても考慮する。ここでは，指導で用いる教材の題名と，その出典を記す。
④主題名とねらいを決める
・主題名：ねらいと教材を考慮し，授業の内容が概観できるようにキャッチフレーズとして端的に表現する。

・ねらい：道徳科の内容項目を基に，ねらいとする道徳的価値や道徳性の様相を端的に表したものを記述する。

⑤道徳科の指導の時期，主題名，ねらい及び教材を一覧にした配列表にまとめる

❸指導過程を含む各時間の指導の概要を検討する

　主題配列表だけにとどまっては，実際の機能，活用までには至らない。1時間の授業のポイントの見える化が伴って，はじめて具体的な授業の構想に生かせるものとなる。

　上記の一覧表に加え，次の項目を簡潔に加えたい。

①主題構成の理由

　主題に関わる明確な価値観，児童観，教材活用の視点を簡潔に記す。

②学習指導過程と指導の方法

　ねらいを踏まえて，教材をどのように活用し，どのような学習指導過程や指導方法で学習を進めるのかについて簡潔に記す。

③他の教育活動における道徳教育との関連

　学年段階の教育活動全体を見通し，本時で扱う内容項目に関わる指導が各教科等でどのように行われるか「別葉」を参考に洗い出し，示しておくのが要となる道徳科の役割であり，補充・深化・統合の機能がより発揮される。特に主題の前後に行われる教育活動については意図的に関連や連動が図れるようにしたい。

❹その他，学校の特色やこだわりが反映される内容を加味する

　学校において道徳科の授業で特に大事にしたい視点を盛り込むことも有効である。例えば，学校課題や学校の研究テーマとの関連，道徳科の授業における評価の観点，校長や教頭の参加，教師間の協力的指導，地域人材を活用した指導体制，協力体制時の板書構想などが考えられる。

❺計画の弾力的扱いに関する校内規定を設ける

　年間指導計画は，意図的・計画的に遂行されなければならない。そのため安易な変更や修正は厳に慎まなければならない。しかし，児童の実態等から時期を変更した方が有効な場合や，より児童のニーズに応えることができる魅力的な教材を生かすことで高い効果が上がる場合もある。その場合は学年内の共通理解を図り，道徳教育推進教師を通して，校長の了解をとる。変更した理由を備考欄に書き，今後の検討課題とするなどの校内規定を設けておきたい。

❻評価の実施と今後の改善が計画的に行える機能を盛り込む

　年間指導計画の実施に伴い，授業の成果や課題の記録を残す必要がある。備考欄や特記事項の欄を設け，次年度の改善に生かせるようにしたい。

(廣瀬　仁郎)

「P」-道徳授業の計画（Plan）

③特徴のある年間指導計画例1

　道徳科の年間指導計画は様々な形式が考えられるが，問われるのは，実際の授業計画に役立つ使いやすさと便利さである。一般的には，学年ごとに分冊の小冊子形式が多い。ここでは，授業に即持ち込めて，活用できることを主眼に工夫した取り組みの一例を紹介する。

カード方式，ファイリング形式

　これは，全てを一括りに束ねたものでなく，授業の際にその部分だけ，手軽に取りはずし，持ち込むことができる機能性を重視した形式である。右ページのように学習活動の概要，板書計画や評価の視点等を設けたミニ指導案的な形式のものを厚手の紙でカード化し，透明なクリアファイルに差し込み，簡単に取り出せるようにしたものである。同様にファイリングフォルダに差し込む方法でも使いたい部分だけ容易に取りはずすことができる。

年間指導計画のデジタル化

月・週	主題名	教材名	展開の概要
9月1	がっこう大好き	めだかのめぐ	■
9月2	心のかがやき	七つぼし	■
9月3	友達だから	二わのことり	■

■ 学習指導過程
■ 場面絵・ペープサート
■ ワークシート

　これは，紙ベースでなく，職場のパソコンの共有フォルダに道徳科の年間指導計画のフォルダを設け，授業前にプリントしていく方法である。右ページのようなミニ指導案，授業で使える場面絵やペープサート，ワークシートなどもセットになっているため，授業で即生かすことができる便利なツールとなる。

　授業で使用したグッズは，ファイリングフォルダに収納し，学年ごと，主題ごとに分類し，道徳資料室などに保管しておくと学校の共有財産となり，今後の指導の充実に資することになる。研究授業の指導案，関連資料などもストックし，指導情報を増やしていくことができる。夏期休業中の職員作業で保護者のボランティアを募り，全学年，全主題の授業セットを備えた学校もある。

（廣瀬　仁郎）

1年生　9月第3週
【主題名】友達だから〈友情，信頼〉
【教　材】「二わのことり」（出典：○○）
【設定の理由】
　この時期は，1年生なりの友達関係も育ち始め，運動会に向かって，友達と仲良く助け合う場面も見られるようになるが，ささいなことで友達に悲しい思いをさせてしまったり，相手の心を傷つけてしまったりすることもある。本教材ではみそさざいの心の変化を中心に，自分の楽しさを優先しようとする思いを乗り越え，友達の気持ちを推し量り，友情を深めていこうとする心情を育てたい。

	学習活動	指導上の留意点
導入	1　小鳥たちが暮らす森の世界の場を設定し，自由に飛び回りながら，周りの鳥たちと仲良しのアクションをする。	・動作化により，教材の世界へと誘い，主人公「みそさざい」への自我関与を図りながら，友達を意識させる。
展開	学習課題「友達のありがたさ，すばらしさについて考えてみよう」	
展開	2　教材「二わのことり」をプレゼンテーションソフトで提示する。 ①うぐいすの家へ行くことにしたみそさざいの考えはどのようか。 ②やまがらのことが気になり始め，楽しめなくなったみそさざいはどのような思いだったか。 ③心の中でどのようなことを考えながら，うぐいすの家を抜け出し，やまがらの家に向かっていったのだろう。 ④涙を浮かべて喜ぶやまがらを見て，どんなことを考えたか。	・課題を意識して教材に対峙させる。 ・みんなも行き，よりはなやかで楽しく，近い所を優先する弱さに共感させる。 ・揺れ動くみそさざいの心を動きを「心のつなひき」で構造化し，考えを深める。 ・一人さみしく友を待つやまがらの心の痛みを推し量り，飛びたたずにはいられなくなった友情観について話し合う。 ・再現法による役割演技で心から寄り添える友達の大切さを実感させる。
展開	今日の学習からよい友達であるために大事だなと思ったことをまとめる（自分なりの解）	
展開	⑤友達の気持ちを大事にして仲良くできたことがあるか。	・教材から学んだことを基に，振り返りを行い，自分の友達との関わりについて深めていく。
終末	3　今でも忘れられない「友達は宝物」と感じた教師の経験を話す。	・友達の存在，すばらしさについてあたため，しめくくる。

【評価の視点】
・友達の立場や思いを受け止めることについて多面的・多角的に捉え，考えが深められたか。
・友達の大切さ理解し，より一層深めていこうとする思いが高まったか。
【他の教育活動との関連】
・運動会の競技での協力
・生活科のまち探検でのグループ活動
【板書計画】

「P」－道徳授業の計画（Plan）

④特徴のある年間指導計画例2

学校の教育目標の具現化を図る

❶いじめのない明るい学級をつくる学習プログラム（3年生）

　以前勤務した学校で，「思いやりの心を育てる」という学校教育目標の実現に向けて，小学校3年生の学級づくりの段階で「新しい学級を自分たちの力で明るく，いじめのないクラスにしていくこと」を目標とした以下の学習プログラムを作成し実践に努めた。

　道徳授業を要として五つの活動を意図的に関連させ，規律ある学級づくりを進めるとともに，互いを認めて大切にする関係づくりを目指した。

　いじめが起こりにくい学級づくりとして作成したものである。

	規律ある授業づくり	友人関係づくり	道徳授業	集団づくり	社会性の育成
4月	・元気なあいさつ ・授業中の正しい座り方 ・授業中の正しい姿勢	・こおり鬼（体育） ・ゴール型ゲーム（体育） ・自己紹介ゲーム（朝の会） ・「宝物をしょうかいしよう」（国語）	・個性の伸長 ・友情，信頼	・第1学期始業式 ・学級開き，学級目標づくり ・係活動 ・入学式 ・お誕生日会（ロング昼休み）	・入学式 ・1年生を迎える会 ・係活動 ・清掃指導
5月	・話の聞き方〈無駄な話をしない〉〈話し手を見る〉 ・机の整頓	・さいころトーク（学級活動） ・伝言ゲーム（国語）	・よりよい学校生活 ・親切，思いやり ・善悪の判断 ・公正，公平，社会正義	・運動会に向けた取り組み ・なかよし活動（児童会） ・全校朝会 ・お誕生日会（ロング昼休み）	・あいさつ運動 ・エコキャップ回収 ・運動会

❷キャリア教育の視点を生かした学習プログラム（6年生）

　小学校高学年では，総合的な学習の時間を中心としてキャリア教育に取り組むことが多い。職場体験といった体験活動や夢を実現するための探究活動など全国で様々な工夫がみられる。本校でも「生きる力」を育むために，キャリア教育のプログラムづくりに取り組んだ。

　文部科学省の『小学校キャリア教育の手引き〈改訂版〉』（平成23年5月）の「第4章　各学年段階におけるキャリア教育」には高学年のキャリア発達課題について，以下のように示されている。

キャリア発達課題	挑戦する　やりぬく　夢・希望を広げる 苦手なことや初めて経験することに失敗を恐れず取り組み，そのことが集団の中で役立つ喜びや自分への自信につながるようにすることが大切です。

　そこで，本校では6年生の「夢プロジェクト」を以下のように計画した。

	9月	10月	11月
総合	課題設定 ・なりたい自分探し ・身近な大人に聞く	情報収集・整理・分析 ・職業について調べる ・自分年表をつくる	まとめ・表現 ・自分の夢を文集に書く ・発表会の準備
道徳	公正，公平 ●希望と勇気 ●友情，信頼 家族愛	正直，誠実 ●親切，思いやり 感動，畏敬の念 ●勤労	生命の尊さ 真理の探究 ●よりよく生きる喜び ●自由と責任
国語	調べて発表しよう	場面を比べて読もう	話し方を工夫しよう
社会	我が国の歴史や文化	日本とつながりが深い国々	グローバル化する社会
特別活動	後期のクラブ活動 ・異年齢のグループ編成 ・めあてを立てる	音楽集会 ・中学校との連携 異年齢集団による活動	学習発表会 ・児童会を中心とした企画・運営

　高学年のキャリア発達課題を見ると，社会と自己の関わりの中から，自らの夢や希望をふくらませることが大切であることがわかる。そこで，集団の中で自己を生かし，役立つ喜びを体得することをねらいとし，関連する道徳の指導内容を●で示した。全体計画の別葉では，各教科や領域との関連やつながりが一目見てわかるように作成しているが，それだけでは，なかなか意識的に取り組むことは難しい。そこで，このようにそれぞれの教科の特質を生かしながら意図的に関連づけプログラム化することによって，指導の効果を一層高めることを目指したのである。

（広中　忠昭）

1章　道徳授業のPDCA　◆　23

「P」－道徳授業の計画（Plan）

⑤授業計画の進め方

重点的な指導を行うために

　各学年段階の内容項目の指導内容は，児童の発達的特性を考慮して学年が上がるごとに系統性をもって学習がつながっていくよう配慮されている。そこで，指導にあたっては学校の実態に応じ１年間を通して重点的指導が行われるようにする工夫が必要である。

❶指導内容と指導の重点を理解する
　例えば「生命の尊さ」については，下記の表に示すように，生命のもつ有限性，連続性などを様々な視点から考えさせていく。

段階	指導内容
低学年	生きることのすばらしさを知り，生命を大切にすること。
中学年	生命の尊さを知り，生命あるものを大切にすること。
高学年	生命が多くの生命のつながりの中にあるかけがえのないものであることを理解し，生命を尊重すること。

段階	指導の重点（学習指導要領解説から抜粋）
低学年 実感	日々の生活の中で「生きている証」を実感させたい。また，家族の思いや生命そのもののかけがえのなさに気付けるようにすること。
中学年 感得	現実性をもって死を理解できるようになる。生命の尊さを感得させること。生命は唯一無二であることや自分一人のものではなく多くの人々の支えによって守り，育まれている尊いものであることについて考えること。
高学年 理解・自覚	個々の生命が互いに尊重し，つながりの中にあるすばらしさを考え，生命のかけがえのなさについて理解を深めること。また，家族や仲間とのつながりの中で共に生きることのすばらしさ，誕生の喜びや死の重さ，限りある生命を懸命に生きることの尊さなどを自覚すること。

　こうした指導を可能にするために計画に沿って授業を進める場合，そのポイントをよく理解し，同じ内容項目であっても扱い方がどう違うのかを理解して指導にあたることが求められる。

❷教材の配置と特性を理解する
　重点内容には複数の教材が配置されているが，その順序や扱う内容についても明確な意図が

ある。例えばある教科書は中学年の「生命の尊さ」について以下のように扱っている。

教材名	主題名：命あるもの
ひきがえる とろば	ひきがえるの命を必死に守ろうとするろばの姿を通して，尊い命を大切にしようとする態度を育てる。
心にひびく かねの音	小さな命を救うために友人が文句を言っても正しいと思うことを行った主人公の姿を通して，善悪の判断を大切にしようとする心情を育てる。
六さいの およめさん	小児がんと闘いながら精一杯生きたケイコちゃんの姿から限りある命を精一杯生きていこうとする心情を育てる。

　2番目の教材は「善悪の判断，自律，自由と責任」を扱っている。それぞれ独立した教材であるが，このように続けることで，他の内容項目と連携して「命」を考えることができるように配置している。これらの教材に共通するものは，いずれも「死」を扱っていることである。中学年の児童は，現実性をもって死を理解できるようになる。こうした発達段階を踏まえて「生命の尊さ」について様々な角度から考え，議論できるように組まれているのである。

各教科等，体験活動等との関連的指導を工夫する

❶他の教科等と「つながる」

　各教科書は主に巻末に他の教科等との主な関連を紹介している。また，家庭や地域との連携を図ることができるような工夫も見られる。しかし，宿泊体験活動や学校独自の行事・学習活動などは，教科書の年間指導計画の位置づけと一致していないこともある。道徳科の学習は学校行事などの事前指導として行われるべきではないが，こうした取り組みとの関連を重視し，例えば振り返りの時間と関連させて「つながる」ことで，学習したことを道徳的に価値づけることも可能である。

❷他の教科等へ「広がる」

　教科になったことで，これまで以上に「情報モラル」や「現代的な課題」を取り扱う教材が積極的に配置されている。特にESD（持続可能な開発のための教育）などの教材は，総合的な学習の時間のテーマとも結びつけることができ，道徳科の学習が終わった後で，さらに考えを広げる学習へと「広がる」ことも可能である。

❸家庭や地域と「むすぶ」

　道徳の公開授業は全国的に定着してきているが，教科化により一層この傾向が進むことが考えられる。保護者はもちろん，広く地域の方々と「むすぶ」ことを期待したい。

（広中　忠昭）

「D」－道徳授業の実践（Do）

①計画に基づいた授業実践

　PDCAサイクルにおける授業実践（Do）は，当然ながらDの前にはPが前提として位置づいている。道徳授業の計画（Plan）に基づいた授業実践でなくてはならない。

　道徳授業の計画（Plan）とは，全体計画や年間指導計画，学級における指導計画をはじめとする1年間を広い視野で捉えたものから，本時の45分間の道徳授業の計画もある。ミクロレベルで考えれば本時の学習指導案が最も授業実践と関連の深い計画といえるだろう。学習指導案を精緻につくりあげて，イメージをトレーニングしたところに，計画に基づいた授業実践がある。では，学習指導案に基づいた授業実践を行う場合に，どのようなことに留意したらよいかを考えてみることにする。

❶学習指導案に基づいた授業実践

　授業実践で求められることは，児童一人一人が授業によって，本時のねらいに到達することである。アウトカムベース（目に見える成果）を求められる時代にあって，「ねらいに到達できなかったのは，児童にとって，本時はじっくり進めた方がよいと判断したから」というような理由を耳にすることがある。それならば，なぜ児童を教育するための計画を練っている時にそれが見えなかったのか。なぜ計画どおりに進まなかったのか。検証する必要がある。

　つまり，それほどまでにPDCAサイクルのPにおいて練られた学習指導案を，Dである授業実践において，計画どおりに実践することが第一に大切なことといえよう。

　計画どおりの実践とは，学習指導案に記述された項目を忠実に実践することである。忠実にとは，どういうことを指すのか。学習指導案に書かれている項目を，できるかぎりそのとおりに実践してみることである。指導の流れである「導入」から「展開」，そして「終末」へと，ねらいを達成するために，それぞれの段階をきちんと踏んで指導することが大切である。

　「学習活動」の欄には，児童が各段階でどのような活動をするのかが明記されている。その活動を着実にできるようにすることがポイントとなる。具体的には，「教材を読む」とか「主人公の気持ちについて考える」「主人公の気持ちについて話し合う」など活動が大くくりに示されている。この学習活動を実践するために，教師は指導を行う。具体的には，指示だったり，発問だったり，児童が考えたり話し合ったりする活動に入るための「ゴーサイン」を出す。そして，その段階で示されている「指導上の留意点」を意識しながら，授業を実際に行う場合に起こりうる点に配慮する。さらに，教師は継続して発問をしたり，児童同士の活動を指示した

りすることになる。

　授業実践では，予想される児童の反応や留意事項に示された点に該当しない場合もある。それはこれまでの児童との関わりや発達段階から，あくまで教師が予想する児童の言動である。予想どおりに進む場合ばかりではないかもしれない。予想されない反応が起こったり，計画どおりでない行動に児童が進んだりした場合，授業をそこで止めることはできない。授業は最後まで進める。その場合には，あくまでも本時のねらいに到達できるように工夫して対応していくことが求められる。

❷指導実践の過程でメモを残す

　予想していない事態や児童の反応があった場合には，メモをとっておくことが大事であろう。教師としては，本時の授業をねらいに向けてやりとげる必要がある。一方で，本時で計画どおりに進まなかった部分について省察し，次回の指導へと生かすことが大事である。この省察のためには，どの段階でどのような発問をしたらどのような児童の反応があったとか，児童同士の交流の中で予想していない効果があったなどを，机間指導で見取ったり，児童がワークシートを書いている時間などを利用してメモをとったりしたことがその後においてとても貴重なものとなる。

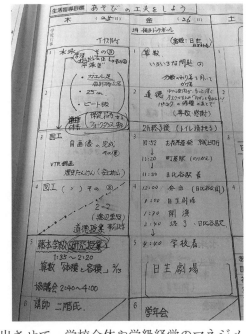

　学習指導案の細案を毎回の授業で作成することは厳しいという教員も多い。しかし，校長が教職員一人一人の児童との関わりを知るために，週案簿を提出させて，学校全体や学級経営のマネジメントの方法として用いている場合がある。この週案簿は，小学校であれば各担任が時間割にしたがって，指導する教科について本時の学習のめあてや指導展開を簡単に記録している。そこに気づいた点を書き込むことができる。週案といいながら「案」だけでなく，「省察」し「自己評価」として書き込む。この実践の振り返りが次の指導に大いに役立つのである。

　教師は毎時間，計画と実践と評価（省察）のくり返しである。そして改善したことを次時に実践していく。道徳は週1回の授業であり，年間35回（小学校1年生は34回）の実践である。少ない回数だからこそ，その1時間はとても貴重な実践といえよう。「導入は，ねらいとする価値への導入の方がよい」とか「終末の説話は，ねらいとずれた話になってしまった。ポイントだけを集中的に」など，その日のうちに書き記した生の声が本人への指導助言となり，次の指導に生きていく。

（東風　安生）

「D」－道徳授業の実践（Do）

②計画からぶれてはいけないポイントと臨機応変な対応

　計画は，あくまで計画である。実践の段階に至って，その計画からそれてしまう点も出てくる。学習指導案を見ても，学習指導「案」なのである。あくまで「案」の段階である。ただし，貴重な1時間ごとの授業の積み上げや主題ごとの年間指導計画における配列に則った系統的な流れを簡単に崩すことはできない。どんな時にも，まずは計画が第一である。しかし計画どおりに進まない場合に臨機応変な対応が求められる。具体的な実践例を見ていく。

❶計画からぶれてはいけないポイント

　学習指導案は指導のねらいに沿って，到達目標に児童を導くための計画案である。授業は，ねらいを達成することが最も大きなミッションである。

　そのミッションを達成するには，山登りで例えていえば，山頂という到達目標があるとする。しかしその山頂へ向かう登山道は，多様である。健脚で，はやく頂上に登って山頂からの眺めを楽しみたいとするなら，いくら坂道が険しくても，距離的に最短ルートを選ぶだろう。ところが，途中の山々に咲く花を楽しみたいとか，途中の清水の音を聞いて心和やかに歩いていくことを楽しみたいとするなら，時間はかかっても，なだらかなルートを選ぶだろう。

　道徳科の本時のねらいを達成するために，学習指導案としてPlanを立てたのならば，このねらいを達成するというポイントは絶対にはずしてはならない。次時の道徳科の授業にも影響が出る。また，同じねらいについて，異なる教材で実施する2回目の指導にも影響が出る。途中で計画とは異なる指導となったり，留意することが発生して時間がかかったりしても，その場合は途中の草花を楽しむルートから最短で到達するルートへと変更するようにしなければならない。大切なことは，本時でねらいとしている到達目標になんとか到着することである。当然，その到達目標にたどりつかない場合は，次回の道徳科授業までに宿題を課すとか補講をするとか，個別に補習をするなどが，必要になってくる。カリキュラムをマネジメントするということは，PDCAを回すことであり，1時間ごとの道徳授業について，ねらいを達成するように指導する厳格な姿勢が求められる。

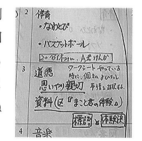

❷計画からそれた場合に予想される事態とそれに対する臨機応変な対応

　計画からぶれてはいけない。ぶれないようにして，ねらいを達成しようとする。教師は，そ

のねらいを達成するために臨機応変な対応を行う。以下の①～③の場合に，教師が示す対応は，多様な場面に機転をきかせた指導実践の積み重ねであり，学校文化といえよう。

①指導する時間が計画よりもかかってしまう
②突発的な出来事のために，計画した指導時間が一部とれない
③予想外の発言から，児童全体の話し合いが異なる方向へ向かう

①「指導する時間が計画よりもかかってしまう」場合の臨機応変な対応

　学級集団としてのクラスの仲間との話し合いは，道徳的な高い価値に気づくためにはとても貴重な時間である。多面的・多角的に考える場合には，対話や話し合いは欠かせない。しかし往々にして話し合いが盛り上がれば，時間を超過することが多い。こうした場合は，話し合いを行った後に自分の考え方に変化があったかどうかなどの授業の振り返りは，道徳ノートやワークシートを用いて，自習や宿題というかたちで，自分自身をじっくりと見つめられる時間（放課後や帰宅してから）に行うように指示することも臨機応変な対応であろう。

②「突発的な出来事のために，計画した指導時間が一部とれない」場合の臨機応変な対応

　学級集団に，自ら学習を進めていける力をつけておくことは日々の学級経営の課題でもある。本時の学習での児童のめあてが決まったら，それに向けて，これまで身につけてきた学習方法を用いて，自分たちで学習課題を解決するために話し合ったり，教材を深く考えたりすることができる力を日々の指導の中で育てておくことが大事である。これが，真の児童が自ら主体的・対話的で深い学びができるかどうかの試金石となる状況であるといえよう。

③「予想外の発言から，児童全体の話し合いが異なる方向へ向かう」場合の臨機応変な対応

　教師が学習指導案を作成する場合，予想される児童の発言等を考えておくことがねらいとしてあるだろう。教師の指導力の一つに，授業中の児童の発言を整理することで，児童の思考を整理していくことがある。時に黒板を用いたり，時に授業をわざとストップさせて客観的に今の話し合いの状況を振り返らせたり，最初の学習課題に戻したりする。

　予想外の発言は，本時のねらいを達成するために必要かどうかを判断することが求められる。もしも必要な場合には，途中で板書や発言を止めて現在話し合っていることのどこに位置づけるか教師が助言することが大事である。また，本時のねらいの達成にあまり関係のない発言であれば，やんわりと児童のプライドを大切にしながら，それはまた別の機会にも発表してほしいと頼んでそこで終わらせる方法もある。

　一人一人が忙しい状況にあるので，他の先生に相談しにくく，自分だけの責任として抱え込むような面がある。学年の先生方や道徳教育推進教師に相談したり，学校全体に関わる部分であれば積極的に管理職にも連絡・報告して指示を仰いだりすることがあってよいだろう。カリキュラム・マネジメントの面から助言をもらい臨機応変に対応したい。

（東風　安生）

「C」－道徳授業の評価（Check）

①道徳科における評価の考え方

道徳科の評価の意義

　学習における評価とは，子供にとっては，自らの成長を実感し意欲の向上につなげていくものであり，教師にとっては，指導の目標や計画，指導方法の改善・充実に取り組むための資料となるものである。

　道徳教育における評価は，常に指導に生かされ，結果的に子供の成長につながるものでなくてはならない。また，他者との比較ではなく子供一人一人のもつよい点や可能性などの多様な側面，進歩の様子などを把握し，年間や学期にわたって子供がどれだけ成長したかという視点を大切にすることが重要である。学校の教育活動全体を通じて行う道徳教育における評価については，教師が子供一人一人の人間的な成長を見守り，子供自身の自己のよりよい生き方を求めていく努力を評価し，それを勇気づける働きをもつようにすることが求められる。

　学習指導要領第3章の第3の4は，道徳科において養うべき道徳性は，子供の人格全体に関わるものであり，数値などによって不用意に評価してはならないことを特に明記したものである。したがって，教師は，道徳科の授業における指導のねらいとの関わりにおいて，子供の学習状況や道徳性に係る成長の様子を様々な方法で捉えて，個々の子供の成長を促すとともに，それによって自らの指導を評価し，改善に努めることが大切である。道徳科の評価は，道徳性を評価するものではない。

> 学習指導要領
> 第3章の第3の4
>
> 　児童の学習状況や道徳性に係る成長の様子を継続的に把握し，指導に生かすよう努める必要がある。ただし，数値などによる評価は行わないものとする。

評価の基本的態度

　道徳性とは，人間としてよりよく生きようとする人格的特性であり，道徳性が養われたか否かは，容易に判断できない。

　しかし，道徳性を養うことを学習活動として行う道徳科の指導では，その学習状況や成長の様子を適切に把握し評価することが求められる。子供の学習状況は指導で変わる。道徳科にお

ける子供の学習状況の把握と評価のためには，教師が道徳科における指導と評価の考えを明確にした指導計画の作成が求められる。

　道徳性の評価の基盤には，教師と子供との人格的なふれあいによる共感的な理解が重要である。その上で，子供の成長を見守り，努力を認めたり，励ましたりすることによって，子供が自らの成長を実感し，さらに意欲的に取り組もうとする契機となる評価を目指すことである。

道徳科の評価の基本的な考え方

　評価にあたっては，特に，学習活動において子供が道徳的価値やそれらに関わる諸事象について他者の考え方や議論にふれ，自律的に思考する中で，一面的な見方から多面的・多角的な見方へと発展しているか，道徳的価値の理解を自分自身との関わりの中で深めているかといった点を重視することが重要である。

　道徳科では，子供が「自己を見つめ」「多面的・多角的に」考える学習活動において，「道徳的諸価値の理解」と「自己の生き方についての考え」を，相互に関連づけることによって，深い理解，深い考えとなっていく。こうした学習における一人一人の子供の姿を把握していくことが子供の学習活動に着目した評価を行うことになる。次は，道徳科の評価の基本的な考え方をまとめたものである。

・数値による評価ではなく，記述式とすること
・道徳性の諸様相を分節し，学習状況を分析的に捉える観点別評価は，妥当ではないこと
・学習活動を適切に設定しつつ，学習活動全体を通して見取ること
・個々の内容項目ごとではなく，大くくりなまとまりを踏まえた評価とすること
・他の子供との比較による評価ではなく，子供がいかに成長したかを積極的に受け止めて認め，励ます個人内評価として行うこと
・内容項目について単に知識として観念的に理解させるだけの指導や，特定の考え方に無批判にしたがわせるような指導であってはならないこと
・道徳科の学習状況の評価は，道徳科の学習活動に着目し，年間や学期といった一定の時間的なまとまりの中で，子供の学習状況や道徳性に係る成長の様子を把握すること
・特に，多面的・多角的な見方へと発展しているか，道徳的価値の理解を自分自身との関わりの中で深めているかといった点を重視すること

　道徳科においては，子供自身が，真正面から自分のこととして道徳的価値に多面的・多角的に向き合うことが重要である。また，道徳科における学習状況や道徳性に係る成長の様子の把握は，子供の人格そのものに働きかけ，道徳性を養うという道徳科の目標に照らし，子供がいかに成長したかを積極的に受け止めて認め，励ます個人内評価として行うことが求められている。

（毛内　嘉威）

「C」－道徳授業の評価（Check）

②子供の学習状況及び 成長の様子についての評価

個人内評価としての見取りと基本的な考え方

　道徳科において，子供の学習状況や道徳性に係る成長の様子をどのように見取り，記述するかについては，学校の実態や子供の実態に応じて，教師の明確な意図の下，学習指導過程や指導方法の工夫とあわせて適切に考える必要がある。特に，子供が一面的な見方から多面的・多角的な見方へと発展させているかどうか，また，道徳的価値の理解を自分自身との関わりの中で深めているかどうか，という学習指導要領改善の観点であり，子供の評価の視点でもあるこの２点を重視し，学習指導過程や指導方法の工夫とあわせて適切に考える必要がある。

❶子供が一面的な見方から多面的・多角的な見方へと発展させているか

①道徳的価値に関わる問題に対する判断の根拠やその時の心情を様々な視点から捉え考えようとしていること
・ねらいとする道徳的価値の様々な面を考えている
・道徳的価値を支えている様々な根拠を考えている
②自分と違う立場や感じ方，考え方を理解しようとしていること
・様々な登場人物の立場で考えている
・自分の考えと友達の考えを比べて考えている
③複数の道徳的価値の対立が生じる場面においてとりうる行動を多面的・多角的に考えようとしていること
・時間の経過とともに変化する気持ちを考えている
・人間の強さや弱さなどを捉えて考えている

❷道徳的価値の理解を自分自身との関わりの中で深めているか

①読み物教材の登場人物を自分に置き換えて考え，自分なりに具体的にイメージして理解しようとしていること
・教材の登場人物に自分を置き換えて考えている
・教材の問題点を自分事として受け止めて考えている

②現在の自分自身を振り返り，自らの行動や考えを見直していることがうかがえる部分に着目すること
・日常生活や学校生活を想起しながら考えている
③道徳的な問題に対して自己のとりうる行動を他者と議論する中で，道徳的価値の理解をさらに深めていること
・自分の生活を見つめ，振り返りながら考えている
④道徳的価値の実現することの難しさを自分のこととして捉え，考えようとしていること
・自分だったらどうするかなどを考えている
　ここに挙げた視点はいずれについても例示であり，指導する教師一人一人が，質の高い多様な指導方法へと指導の改善を行い学習意欲の向上に生かすようにする。

評価のための具体的な工夫

　道徳科における学習状況や道徳性に係る成長の様子を把握するにあたっては，特に，子供が学習活動を通じて多面的・多角的な見方へ発展させていることや，道徳的価値の理解を自分との関わりで深めていることを重視し，これらの状況や様子を見取るための様々な工夫が必要である。子供に手を挙げて発表させるだけでなく，発表が苦手でも書くことができれば書く活動を取り入れたり，一人で考えることが苦手であれば小集団で話し合う活動を取り入れたりするなど，子供がより表現しやすくできるよう工夫し，その記録を蓄積していくのも一つの工夫である。これらの工夫は，決して評価のための指導にならないよう留意する必要がある。

組織的・計画的な評価の推進

　道徳科の評価を推進するにあたっては，組織的・計画的な取り組みによって学習評価の妥当性，信頼性等を担保することが重要である。例えば，次のような取り組みが，教師が道徳科の評価に対して自信をもって取り組み，負担感を軽減することにつながる。
①学年ごとに評価のために集める資料や評価方法等を明確にしておくこと
②評価結果について教師間で検討し評価の視点などについて共通理解を図ること
③評価に関する実践事例を蓄積し共有すること
④校長及び道徳教育推進教師のリーダーシップの下，組織的・計画的に取り組むこと
⑤校内研修会等で，道徳科の指導記録を分析し検討するなどして指導の改善に生かすとともに，日常的に授業を交流し合い，全教師の共通理解の下に評価を行うこと
　また，発達障害等のある子供や海外から帰国した子供，日本語習得に困難のある子供等に対し，「困難さの状態」をしっかりと把握した上で必要な配慮が求められる。　　　　　（毛内　嘉威）

「C」－道徳授業の評価（Check）

③道徳科の授業に対する評価

授業に対する評価の必要性

　学習指導要領「第1章　総則」には，教育課程実施上の配慮事項として，「児童のよい点や進歩の状況などを積極的に評価し，学習したことの意義を実感できるようにすること。また，各教科等の目標の実現に向けた学習状況を把握する観点から，単元や題材など内容や時間のまとまりを見通しながら評価の場面や方法を工夫して，学習の過程や成果を評価し，指導の改善や学習意欲の向上を図り，資質・能力の育成に生かすようにすること」として学習評価を指導の改善につなげることについての記述がある。

　道徳科においても，教師が自らの指導を振り返り，指導の改善に生かしていくことが大切であり，授業の評価を改善につなげる課程を一層重視する必要がある。

授業に対する評価の基本的な考え方

　子供の学習状況の把握を基に授業に対する評価と改善を図る上で，学習指導過程や指導方法を振り返ることは重要である。教師自らの指導を評価し，その評価を授業の中でさらなる指導に生かすことが，道徳性を養う指導の改善につながる。

　明確な意図をもって指導の計画を立て，授業の中で予想される具体的な子供の学習状況を想定し，授業の振り返りの視点を立てることが重要である。こうした視点をもつことで，指導と評価の一体化が実現することになる。

　道徳科の学習指導過程や指導方法に関する評価の視点としては，次のようなものが考えられる。

ア　学習指導過程は，道徳科の特質を生かし，道徳的価値の理解を基に自己を見つめ，自己の生き方について考えを深められるよう適切に構成されていたか。また，指導の手立てはねらいに即した適切なものとなっていたか。

イ　発問は，子供が多面的・多角的に考えることができる問い，道徳的価値を自分のこととして捉えることができる問いなど，指導の意図に基づいて的確になされていたか。

ウ　子供の発言を傾聴して受け止め，発問に対する子供の発言などの反応を，適切に指導に生

かしていたか。

エ　自分自身との関わりで，物事を多面的・多角的に考えさせるための，教材や教具の活用は適切であったか。

オ　ねらいとする道徳的価値についての理解を深めるための指導方法は，子供の実態や発達の段階にふさわしいものであったか。

カ　特に配慮を要する子供に適切に対応していたか。

授業に対する評価の工夫

ア　授業者自らによる評価

授業者自らが記憶や授業中のメモ，板書の写真，録音，録画などによって学習指導過程を振り返ることも大切である。録音や録画で授業を振り返ることは，今まで気づかなかった傾向や状況に応じた適切な対応の仕方などに気づくことにもなる。子供一人一人の学習状況を確かめる手立てを用意しておき，それに基づく評価を行うことも考えられる。

イ　他の教師による評価

道徳科の授業を公開して参観した教師から指摘を受けたり，ティーム・ティーチングの協力者などから評価を得たりする機会を得ることも重要である。その際，予め重点とする評価項目を設けておくと，具体的なフィードバックが得られやすい。

評価を指導の改善に生かす工夫と留意点

道徳科の指導は，道徳性の性格上，１単位時間の指導だけでその成長を見取ることが困難である。そのため，指導による子供の学習状況を把握して評価することを通して，あらためて学習指導過程や指導方法について検討し，今後の指導に生かすことができるようにしなければならない。

子供の道徳性を養いうる質の高い授業を創造するためには，授業改善に資する学習指導過程や指導方法の改善に役立つ多面的・多角的な評価を心がける必要がある。

また，道徳科の授業で子供が伸びやかに自分の感じ方や考え方を述べたり，他の子供の感じ方や考え方を聞いたり，様々な表現ができたりするのは，日々の学級経営と密接に関わっている。

道徳科における子供の道徳性に係る成長の様子に関する評価においては，慎重かつ計画的に取り組む必要がある。道徳科は，子供の人格そのものに働きかけるものであるため，その評価は安易なものであってはならない。子供のよい点や成長の様子などを積極的に捉え，それらを日常の指導や個別指導に生かしていくよう努めなくてはならない。

（毛内　嘉威）

「A」－道徳授業の改善（Action）

①評価を生かした授業改善のポイント

学校全体で指導と評価の一体化を図り授業改善に取り組む

　今年度から道徳が教科となり「特別の教科　道徳」として教育課程に位置づけられた。教科化に伴い学校では，道徳の指導方法や評価について注目が集まっている。それぞれの学校によって取り組みに違いを感じる。教師自身が指導力を向上させようとして，一人で悩んでいても効果的ではない。学校長がリーダーシップを発揮し道徳教育推進教師を中心に道徳教育を進める必要がある。

❶既存の組織でプロジェクトチームをつくる

　新たに組織を立ち上げるのは教員の負担になるため，既存の組織を活用することが大切である。低学年・中学年・高学年のそれぞれに道徳教育推進教師を配置する。3人の道徳教育推進教師と研究主任を組織の中心に置き組織運営を行う。この4人が中心になり，学校全体で評価について考え，それを指導に生かす組織的な取り組みを行う必要がある。

　その時に，①学校全体で取り組むべきこと，②教師一人一人が自身でPDCAサイクルに則り指導改善を行うことを区別して取り組むことが重要である。

　また，教師自身が道徳におけるカリキュラム・マネジメントを意識する取り組みにすることも忘れてはならない。

　右の組織図で，3人の道徳教育推進教師にそれぞれの役割をもたせる。1の道徳教育推進教師には別葉を活用した評価と指導方法の改善を，2の道徳教育推進教師には児童へのアンケートからの評価と指導方法の改善を，3の道徳教育推進教師には道徳授業地区公開講座について，地域の意見からの評価と指導方法の改善を提案させ研究主任はそれを統括する。

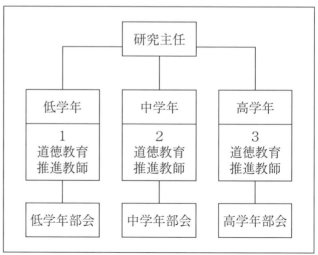

プロジェクトチームの提案を受け全教師が実践し，実践内容を全体で共有する

　プロジェクトチームの提案を具体的に教員一人一人が実践し，全体で検証して指導改善に生かすことが大切である。個人研究で終わらせるのではなく，学校の取り組みとして教員全体で共有し評価を通してお互いの指導力向上を目指すことが重要である。

　評価を授業改善に生かす場面は様々ある。以下は日々の取り組みと研究として位置づけた取り組みについて説明する。

❶日々の授業から

　教師にとっては，日々の授業が勝負であり，指導改善が行われ質の高い授業が子供に提供されなければならない。

　道徳の授業における PDCA とは，

P（計画）：ねらいを立て指導計画を考えること

D（実践）：指導計画に沿った授業を行い実践すること

C（評価）：子供の反応やワークシートなどを通してねらいに迫った授業になっているか指導方法を評価すること

A（改善）：指導方法の改善を考え，次の授業で質の高い指導を行うこと

　これらをくり返すことで，教師の指導方法を高め質の高い授業を子供に提供することが大切である。

❷別葉を生かす

　❶の流れで指導方法の改善を行いながら，次年度にもそれを生かす工夫が必要である。別葉を生かした指導改善を行うことで次年度にそれを生かした年間指導計画を作成でき，年間指導計画がより実践的なものとなる。

❸研究授業や授業研究を生かす

　研究授業本番も大切だが，その前の事前研修で多くの教師から意見をもらい指導案に生かすことでより質の高い授業を行える。

❹公開授業（道徳授業地区公開講座〈東京都〉）を生かす

　公開授業では保護者との意見交換会を行う。一般の大人が道徳の授業を参観し授業で感じたことを話してもらうことで，新たな視点から意見をもらうことができる。教員以外の人からの意見を参考にし授業改善につなげることができる。

（吉田　修）

1章　道徳授業の PDCA ◆ 37

「A」-道徳授業の改善（Action）

②具体例で見る改善の方法

日々の授業から

❶板書を指導に生かす

　授業計画を立て，教師は実際に授業を行う。しかし，評価のために授業を行っているわけではない。そこで，板書記録をとり教師が振り返りをする方法がある。毎時間授業記録として，板書をデジタルカメラで撮り，教師自身が評価し板書を通して授業改善を行っていく。

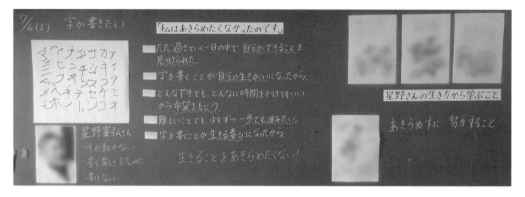

❷週案簿を指導に生かす

　週案簿にデジタルカメラで撮った板書の写真を貼り，「特別の教科　道徳」の授業としての改善点を書く。例えば右では，「考え，議論する道徳」について考えることが必要であると，その時の授業を振り返り気づき実感している。

　「公平」について授業を行った時には，子供が日頃生活の中で，「公平」を身近に感じていることがわかった。しかし，それを一歩踏み込んで自分事の問題として捉えているかどうかは疑問が残った。「自分だったらどうするか」という発問をすることで自分事として考えさせることができると記録している。

❸別葉を指導に生かす

次に別葉の効果的な活用方法である。別葉に，子供の実態に合った教材であったか，指導方法は適切であったかなどを授業後に簡単でよいので書き入れていくことで，次年度の年間指導計画がより実態に合ったものになる。

❹子供のワークシートを指導に生かす

子供のワークシートから指導改善を図ることができる。ワークシートは授業のねらいに到達するために使うものなので，子供が書いた学習感想からねらいに迫った授業であったか評価することができる。子供が書いた学習感想に対し教師が一言書き加えることでその授業における評価を行うことにもなる。なお，振り返りの項目を設けることも有効である。
①今日の授業で考えたり気づいたりしたことがあったか
　【価値理解】
②自分自身を振り返ったか【自己理解】
③教材はよかったか【教材について】
④考えを伝え合えたか【対話的学び】
⑤友達の考えから学ぶことができたか【他者理解】
などからも評価できる。

❺学期末の振り返りから評価し指導改善に生かす

学期末の振り返りは通知表に記述する際に有効な手立てとなる。教師が感じ考えていた評価と子供の考えている評価が一致しているとはかぎらない。教師が子供を一方的に評価することにより，子供の意識から乖離してしまうことは避けなくてはならない。子供が感じたことを受け止め，それを今後の指導に生かすことが必要である。右は学期ごとに振り返りを行った時のワークシートである。

今学期，道徳の時間で自分が何を学んだかを振り返らせる。成長したことも書かせ，それに対し教師は子供のよさを認め前向きに受け止め励ましの一言を添える。教師は子供の考えを受け止め，次の授業の指導の手立てとすることができる。

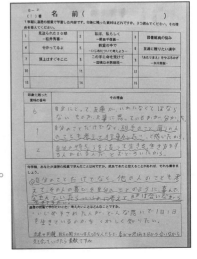

1章　道徳授業のPDCA　◆　39

評価を生かして互いに授業力向上に努める

❶研究授業や授業研究

研究授業や授業研究を任された授業者は，自分の責任において指導案を作成し授業日当日を迎えることが多い。中には授業者の思いが先走り，子供の実態に合った授業にならない場合もある。研究授業や授業研究に組織的に取り組むことで，授業者はもちろんのことそれに関わる教師の授業力向上につなげられる。

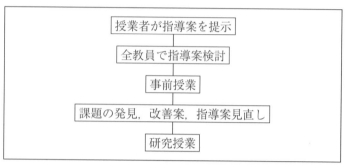

本番前の事前授業と研修からねらいに迫った授業になったか，子供の授業観察，授業記録と学習感想を基に検証する。課題を捉えたら発問構成，授業の流し方，板書の方法を考え研究授業本番に備える。研究授業本番を迎えるまでに多くのステップを踏み課題を明確にし改善を図ることで授業力の向上が図れる。

❷公開授業（道徳授業地区公開講座〈東京都〉）を生かす

道徳授業地区公開講座では，実際の授業を参観してもらい子供に身につけさせたい道徳性について地域・保護者・教師で意見交換をする。意見交換で得た意見を参考に教師は道徳の授業について指導改善を行うことができる。また，道徳通信などを発行し，保護者に道徳の時間について知ってもらう。保護者とともに考える道徳を推進し，地域全体で子供の道徳性を育む手立てを考える。

（吉田　修）

2章

学年別
PDCAを生かした
道徳授業&評価

低学年　A－(2)正直，誠実　　　　　　　　　　　　　掲載教科書
　　　　　　　　　　　　　　　　　　　　　　　　　東書・学図・教出・光村
「金のおの」の授業モデル
　　　　　　　　　　　　　　　　　　　　　　　　　日文・光文・学研・あかつき

STEP 1　PDCA の流れ

■全体計画・年間指導計画での位置づけ
「金のおの」は，本校の年間指導計画では，6月に設定をされている。学校生活のスタートの時期に，正直，誠実について考えることは，集団生活の基盤となると考えるからである。
■本時で育てたい子供の力
正直，誠実な行いをすることは，気持ちのよいことであることに気づかせたい。

■授業の工夫点
授業では，よくばりな木こりの気持ちから考えさせるため，状況が理解できるような発問を構成した。また，役割演技では，演じさせる場面を設定した後，「自由に演じてみましょう」と発問し演じさせ，多面的思考を促すため，見ていた児童（観客）からの指摘を中心とした話し合いの場を設定することを大切にした。

■授業の振り返り（よい点）
役割演技を通して話し合いの場を取り入れたことで，正直，誠実にすることのよさを実感することができた。
■授業の振り返り（反省点）
最後まで方法論にとどまる児童もいたため，役割演技後の話し合いでは，わかったことを板書に整理する必要があった。

■振り返りを生かした今後の展望
本授業は2年生の6月に行った授業である。児童の授業感想には，正直に生活したり，相手に対して誠実に行動したりすることで，自分もうれしい気持ちになることや，相手（女神さま）も気持ちよくいられることに気づくことができたという感想が多くあった。日々の生活でも正直，誠実でいることのよさを実感できるよう，児童の成長を励ましていきたい。

STEP2　本時の学習指導案（Plan）

(1)主題名　「正しいことを伝えて」　低学年　A－(2)正直，誠実

(2)教材名　「金のおの」（教育出版）

(3)ねらい　よくばりな木こりの姿から，嘘をついたりごまかしをしたりしないで，素直にのびのびと生活しようとする心情を育てる。

(4)展開の大要

	学習活動と主な発問・予想される児童の反応	指導上の留意点
導入	1　学習のめあてを確認する。 ○このお話に出てきた2人の木こりについて，発表しましょう。どんな木こりが出てきましたか。	○女神さま以外に，正直な木こりと，よくばりな木こりがいたことを確認する。 ○正直にすることがなぜよいのか考えることを授業のめあてとして提示する。
展開	2　教材「金のおの」を読み，話し合う。 ○正直な木こりの話を聞いた時，よくばりな木こりはどんなことを考えていたでしょう。 ・自分も斧を投げ入れてみよう。 ・自分も金と銀の斧がほしい。 ○女神さまが黙って池に沈んでいくのを見て，よくばりな木こりは，どんなことを考えていたでしょう。 ・女神さまは，なんで何も言ってくれなかったのだろう。 ・鉄の斧も失ってしまった。困ったな。 ○役割演技で考えてみましょう。木こりと，女神さまを演じてみましょう。	○正直な木こりの話を聞いたよくばりな木こりが，自分勝手な思いから自分の斧をわざと池に投げ入れて，得をしようとしている状況を確認する。 ○よくばりな木こりのとった行動で，女神さまの信頼を失ったばかりでなく，自分の大切にしているものまでも失ってしまったことに気づかせる。 ○演じる児童（演者）を2人指名し，自分が演じたい木こりと女神さまを演じさせる。 ○演じるのを見ている児童（観客）には，2人の演者の顔の表情やしぐさなどを指摘させながら，考えていたことを想像させ，発表させる。 ○観客の指摘の後，演者の感想を聞き，役割演技を通してわかったことを確認する。
終末	3　授業を通して，わかったことや考えたことを書く。	○ワークシートにわかったことや考えたことを書かせ，児童が得た学びを確認する。

(5)評価　嘘をつくことで，自分が大切にしているものまでも失ってしまうことや，正直に生活したり，相手に対して誠実に行動したりすることで，自分も相手もすがすがしい気持ちでいられることに気づくことができたか。

2章　学年別　PDCAを生かした道徳授業＆評価　◆　43

STEP3　指導と評価の実際（Do・Check）

❶導入　展開や終末に生かせる導入を

　教材を範読する。範読は，ゆっくり丁寧に読むことが大切である。それによって，児童はお話の世界をイメージしやすくなる。教師が範読した後，「このお話に出てきた2人の木こりについて，発表しましょう。どんな木こりが出てきましたか」と児童に投げかける。正直な木こりとよくばりな木こりがいたことを，児童から出された意見を基に板書する。場面絵なども活用し，教材の状況をしっかりと確認し，展開で話し合いを行うための状況理解を図る。その後，正直にすることがなぜよいのか考えることを授業のめあてとして提示する。

❷展開　多角的視点から多面的視点へ

　展開の第1発問は「正直な木こりの話を聞いた時，よくばりな木こりはどんなことを考えていたでしょう」である。正直な木こりの話を聞いて，よくばりな木こりが，自分勝手な思いから自分の斧をわざと池に投げ入れて，得をしようとしている状況を児童の発言を整理しながら確認する。

　展開の第2発問は「女神さまが黙って池に沈んでいくのを見て，よくばりな木こりは，どんなことを考えていたでしょう」である。第2発問の前に，第1発問でよくばりな木こりが自己中心的な欲求から，得をしようとしていたことがしっかりと整理されていることが大切である。そのような欲にかられて行動した結果，第2発問において，よくばりな木こりがとった行動で，女神さまの信頼を失ったばかりでなく，自分の大切にしているものまでも失ってしまったことに気づくことができる。ここでは，正直に行動しないと，損をすることだけが強調されがちとなり，道徳的価値のよさに気づくことができる児童が少ないと考えられる。そこで，第2発問で話し合いを整理した後，児童に「木こりと，女神さまを演じてみましょう」と投げかけ，役割演技を通して，正直に生活することで，自分も相手もすがすがしい気持ちでいられることに気づかせたい。

> ### 授業の工夫点
>
> 　役割演技では，演じる児童（演者）を2人指名し，自分が演じたい木こりと女神さまを演じさせる。池に自分の斧を投げ入れた後の木こりと金の斧を持って現れた女神さまの場面から演じさせる。演者には自由に演じさせた後，演じるのを見ている児童（観客）に，2人の演者の顔の表情やしぐさなどを指摘させながら，考えていたことを想像させ，発表させる。観客の指摘の後，演者の感想を聞き，役割演技を通してわかったことを確認することでねらいに迫ることができる。

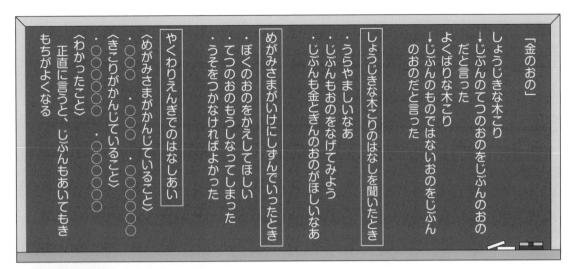

評価の視点

嘘をつくことで，自分が大切にしているものまでも失ってしまうことや，正直に生活したり，相手に対して誠実に行動したりすることで，自分も相手もすがすがしい気持ちでいられることに気づくことができているか，発言の内容やワークシートへの記述からつかむ。

❸終末　展開から終末へつなげるために

役割演技を通してわかったことを確認する段階において，児童の発言の整理の仕方にもポイントがある。ここで，教師は，児童の発言をそのまま板書するといった記録者としての役割だけではなく，評価の視点に基づいた問い返しを行うことが大切になってくる。本授業では，自分も相手もすがすがしい気持ちになれることにつながる児童の発言を特に取り上げ，整理していくとよい。

STEP4　授業改善への具体的な展望（Action）

児童の中には，「正直に言えばよかった」と方法論にとどまり，そうすることのよさについて十分に理解できていない児童もいる。これは，他の児童の発言を聞くだけでは理解が十分にできない児童の場合が多い。特に低学年の児童においては，聞くだけではなく，視覚的な情報を与えることが理解の助けとなる場合も多いため，児童の気づきを大切にしながら，板書で視覚的に整理していくことを心がけたい。その上で，嘘をつくことで，自分が大切にしているものまでも失ってしまうことや，正直に生活したり，相手に対して誠実に行動したりすることで，自分も相手もすがすがしい気持ちでいられることに気づかせていくことが大切であると考える。

（北川　沙織）

低学年　B−(7)親切，思いやり

掲載教科書
学図・光村・日文・光文
学研・あかつき

「ぐみの木と小鳥」の授業モデル

STEP 1　PDCAの流れ

■全体計画・年間指導計画での位置づけ
「ぐみの木と小鳥」は，本校の年間指導計画では，10月に設定されている。親切について普段の児童の行いと結びつけて考えられる1時間にしたい。
■本時で育てたい子供の力
困っている人に対する思いやりや，進んで親切にしようとする心情を育てたい。

■授業の工夫点
授業では，「嵐がやむのを待っている時，小鳥は何を考えていたのでしょう」を中心発問にした。「（りすのところに）行かない」という考えを大切にしながら，「行こう」という考えについても深めていった。また，りすに会えたところを役割演技することで，親切にした時の気持ちを考えていった。

■授業の振り返り（よい点）
「親切にするといい気持ちになる」ということを言ったり，書いたりする児童が多かった。そこに自分の具体的なエピソードもたくさん見られた。
■授業の振り返り（反省点）
「嵐でも相手のことを考えて行く」という児童も見られた。自分の安全や命も大切にした上での親切であるというおさえができていたか。

■振り返りを生かした今後の展望
本授業は2年生の10月に行った授業である。3年生で，あらためて別教材で「親切，思いやり」について授業する際は，身近な人や困っている人にかぎらず相手のことを思いやるという視点も大事にしていきたい。親切は日々行われていることである。教師が見過ごさず，児童の親切を価値づけして全体に紹介していきたい。

STEP2　本時の学習指導案（Plan）

(1)主題名　「思いやりの心で」　低学年　B −(7)親切，思いやり

(2)教材名　「ぐみの木と小鳥」（学研教育みらい）

(3)ねらい　困っている人を思いやり，相手のことを考えて，進んで親切にしようとする心情を育てる。

(4)展開の大要

	学習活動と主な発問・予想される児童の反応	指導上の留意点
導入	1　親切にされた経験を話し合う。 ○親切にされてうれしかったことはありますか。 ・悲しい時，友達が励ましてくれた。 ・鉛筆を落とした時，拾ってくれた。	○友達だけでなく，様々な人から親切にしてもらった経験を聞く。 ○たくさん出るので，長くならないようにする。
	親切にすると，どんな気持ちになるのだろう	
展開	2　教材「ぐみの木と小鳥」を読み，話し合う。 ○ぐみの木にりすのことを聞いた小鳥は，どんなことを思ったのでしょう。 ・心配だ。 ・私にできることをしたい。 ◎嵐がやむのを待っている時，小鳥は何を考えていたのでしょう。 ・今日じゃなくてもいいかな。 ・りすさんのために行こう。 ○りすに「ありがとう」と言われて，小鳥はどんな気持ちになったのでしょう。 ・届けてよかった。 ・親切にすると気持ちがいいな。 3　あらためて学習課題について考える。	○登場人物が「小鳥」「ぐみの木」「りす」であることをおさえる。 ○児童に感想を聞き，児童の問いを大切にしつつ進める。 ○「りすさんのところに行く」「行かない」に分けて板書することで，児童の思考を整理する。 ○りすと小鳥になって役割演技をする。はじめは教師がりすを演じるが，できるようならりすも児童に演じさせる。
	親切にすると，どんな気持ちになるのだろう	
終末	4　教師の説話を聞く。	○教師が親切にされてうれしかった経験談を話す。

(5)評価　親切にしてよかったと思う小鳥の気持ちを考え，親切の意義について自分なりの考えをもつことができたか。

2章　学年別　PDCAを生かした道徳授業＆評価　◆　47

STEP3　指導と評価の実際（Do・Check）

❶導入　短く，よい気持ちにさせて教材に入る

　「親切にされてうれしかったこと」は，子供たちの中にたくさんある。この内容項目で授業を行うと，つい導入が長くなってしまう。導入が中心となるような授業は，道徳授業とは呼べない。数人に聞いて，親切にされるとうれしいことを確認しながら，よい雰囲気で教材を読み始める。

❷展開　小鳥に自我関与させながら，授業を展開する

　第1発問では，あまり考えずに親切にしたことに気づかせる。小鳥は親切だが，最初は，軽い気持ちでりすのもとにぐみの実を届けたのである。

　第2発問が中心発問となる。この教材はこの発問一つでよいと言っても過言ではない。しかし，この発問で「親切」についてしっかり考えていくためには，第1発問や第3発問が必要だ。そうしないと，嵐だからりすのところに行かないという選択肢が，児童から出づらくなってしまうからである。

　小鳥が，りすのところに行くという考えはたくさん出るだろう。そうしたら，教師は行かない立場に立ちながら話を進める。「こんな嵐の中行く必要あるのかな」「りすさんは病気だけれど，死んでしまいそうな病気じゃないよね」などと聞いていると，行かないという考えを話す児童が出てくるだろう。

　今回は親切のよさについて考えていくが，命の危険を冒してまで親切にすることを目指しているのではない。自分の命や安全は第一である。そこに話がずれてしまっては，ねらいに迫ることはできない。行かないという考えを出させつつも，行くという判断をしたことにふれながら第3発問につなげていく。

> **授業の工夫点**
>
> 　小鳥の気持ちを追い，自我関与を大切にした授業を行う。また，「行かない」気持ちも大切にしながら，「行く」という考えを出させる。役割演技では，見ている児童からの考えを大切にする。

　第3発問では，役割演技をしながら考えていく。まずは教師が，教材中の台詞である「こんな嵐の中来てくれてありがとう」と言うところから始める。「りすさんが心配だったからです」「元気になってね」などの台詞が続く。ここで拍手で終えるだけでは，親切の価値に迫ることはできない。役割演技を終えて，「小鳥さんにありがとうと言われてどうだった？」と問うことが大切だ。そうすると，「いいことをして気持ちがよかった」「親切にするといい気持ちにな

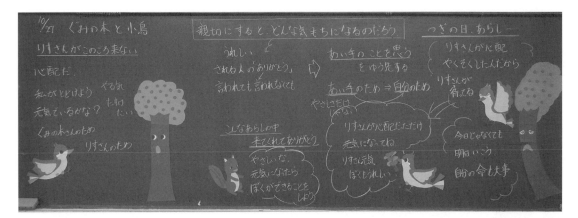

る」などの考えが続く。間違っても「嵐の中でも行くべきだった」などの考えに終始しないよう，児童に任せながらも，教師が舵取りをする。特に役割演技では，見ている児童が主体的に考えられるように場をつくることが必要だ。

|評価の視点|
> 親切にした小鳥の気持ちになって考えることができたか，親切にすることのよさについて，自分なりの考えをもつことができたか，進んで親切にしようとする心情を育てることができたか，について見取る。

❸終末　教師の説話で価値の押しつけをしない

教師の説話には力がある。しかし，その説話が「親切にすべき」という押しつけになっている授業をよく見る。教師の指導観を明確にすることは大切だが，授業では教師も一人の人として児童と同じ目線で考えていくことが重要だ。「私は（この中にいる一人として）こんな経験があった」という話で終わりたい。

STEP4　授業改善への具体的な展望（Action）

誰もが知っている名作であるからこそ，方法論に終始した授業にはしたくない。様々な指導案が世の中に出回っているが，あくまで低学年で授業を行っていることを意識して，目の前にいる児童をイメージして行ってほしい。低学年では，親切にする人を家族から身近な人へと広げていった。中学年では，相手のことを思いやり，自分から進んで親切にできるようにしていく。今回学んだように，相手の置かれている状況や困っていることを想像して行うことによって，より親切な行動ができてくると考える。

道徳授業は，普段の道徳教育を補ったり深めたりする時間である。日々の学校生活で行われている自然と出てくる親切な行動を，教師は見逃さず認めていきたい。

（庄子　寛之）

低学年　C−⒀公正，公平，社会正義

掲載教科書
教出・光村・日文・学研
あかつき

「およげないりすさん」の授業モデル

STEP 1　PDCAの流れ

■全体計画・年間指導計画での位置づけ
「およげないりすさん」は，本校の年間指導計画では，10月に設定されている。「公正，公平，社会正義」という価値をじっくり考えるには，児童がしっかりと成長してきていることが前提となるからである。
■本時で育てたい子供の力
好き嫌いにとらわれず，分け隔てなく接する大切さを捉えさせたい。

■授業の工夫点
授業では，「およげないりすさん」（身体的特徴で自分ではどうしようもない）とどうすれば一緒に島に行って遊べるのかという話し合いを設定し，「みんなが笑顔になるために」という視点であひる，白鳥，かめのそれぞれの立場でできることを考える活動を行った。その時，「どうしてそう考えたのか」と問い，行為面から心情面にいたるインタビューを行った。

■授業の振り返り（よい点）
グループの話し合いを取り入れたことで，児童は「笑顔になるために」（みんなが納得できる公正，公平）という視点での自分の考えをもつことができた。
■授業の振り返り（反省点）
心情面の取り出しが大切なので，「そのわけは……」と言って，児童自ら根拠を基に話し合えるようにする道徳的学び方の積み重ねが必要である。

■振り返りを生かした今後の展望
本授業は1年生の10月に行った授業である。「公正，公平，社会正義」の内容を低学年なりにつかむことができるように，「みんなが笑顔」という視点で学習したので，児童の授業感想には，「みんなが笑顔になるように，やさしくできるようにしたい」ということが書かれており，内容を捉えることができていた。日々の生活でも声かけをし，児童の成長を励ましたい。

STEP2　本時の学習指導案（Plan）

(1)主題名　「みんなが笑顔」　低学年　C－⒀公正，公平，社会正義

(2)教材名　「およげないりすさん」（「わたしたちの道徳」文部科学省）

(3)ねらい　好き嫌いせず，誰にでも公正，公平にやさしく接することのよさについて考える。

(4)展開の大要

	学習活動と主な発問・予想される児童の反応	指導上の留意点
導入	1　人に公平に接しているか考える。 ○みんなが笑顔になるように仲良くしていますか。仲間はずれなどはありませんか。	○人に対して，公平に接しているかどうか問い，できている時とできていない時とその時の気持ちを引き出す。
展開	2　教材「およげないりすさん」を読み，話し合う。 ○りすをおいて，島で遊ぶ3人はどんなことを考えているでしょうか。 ・りすさんは泳げないから仕方がない。 ・りすさんは寂しい思いをしているだろう。 ・りすさんに悪いことをした。 ○みんなが笑顔になるにはどうしたらよいか考えましょう。そのわけを言いましょう。 【あひる】【白鳥】 ・りすを背中に乗せて飛ぶことはできないか。 【かめ】 ・りすを背中に乗せて，泳ぐよ。 ○かめがりすを背中に乗せて泳いでいる時，みんなはどんなことを話しているでしょうか。 ・りすさんも笑顔になったよ。 ・みんなでできることをすればいいね。	○教材の登場人物の特徴と，物語のあらすじをおさえる。（仲間はずれ） ○りすをおいて，島で遊ぶが気持ちがすっきりしない3人の気持ちをおさえる。 ○みんなが補い合って，満足する方法を「みんなが笑顔になる」という視点でそれぞれの動物になりきって考え，演技を通して発表するように促す。 ○かめがりすを背中に乗せて泳ぐ場面のペープサートを動かしながら，それぞれのよさを生かしながら補い合って生活する大切さを捉えることができるようにする。
終末	3　公正，公平について新しく気づいたことを話し合う。 ○みんなが笑顔になるにはどんなことが大切でしょう。 ・みんなが好き嫌いせず，やさしく接する。	○導入と終末の児童の考えを比較して，児童の新たな気づきを価値づける。

(5)評価　・【自分との関わり】学習プリントに記述する際，自分の体験を基に記述することができたか。

　　　　・【多面的・多角的思考】友達の意見を取り入れながら，演技することができたか。

2章　学年別　PDCAを生かした道徳授業&評価　◆　51

Sテ EP3　指導と評価の実際（Do・Check）

❶導入　展開や終末に生かせる導入を

　「みんなが笑顔になっているでしょうか。仲間はずれなどはありませんか」と児童に投げかける。この時期の児童に公正，公平な態度というのは難しいので，「笑顔」という言葉を用い，さらに「仲間はずれ」という言葉で具体化した。児童の実態を視覚的に見ることができるように，グラフを示すことで，児童は，友達の中に笑顔になることができていない友達がいることを知り，どうしたらみんなが笑顔になれるのかという問題意識をもつことができた。

❷展開　みんなが納得できる方法を考える

　教材を範読する。範読は，ゆっくり丁寧に読むことが大切である。りす，あひる，白鳥，かめの絵を貼り，それぞれの特徴を示してあらすじをおさえた。

　展開の第1発問は「りすをおいて，島で遊ぶ3人はどんなことを考えているでしょうか」である。泳げない（自分ではどうしようもない身体的特徴）りすさんを仲間はずれにしてしまった3人の遊んでいてもすっきりしない心情について役割演技を通して話し合う場を設定した。

　「りすさんは寂しい思いをしているだろう」（思いやり），「りすさんに悪いことをした」（後悔，仲間はずれ）」などとりすの気持ちを思いやる発言が多く出た。具体的に心情を捉えにくい児童については，表情図等を操作して心情を捉えやすいように支援した。

┌─ 授業の工夫点 ──────────────────────────────
│
│・児童の解決したい問題（みんなが仲良く遊べるようにするにはどうしたらいいのか）を
│　取り上げる。
│・それぞれのグループで，あひる，白鳥，かめになって，解決方法（自分たちにできるこ
│　と）を考える役割演技を設定する。
│・教師が，児童の発言中に「どうしてそう考えたのですか？」とインタビューし，心情面
│　を引き出す。
│
└───────────────────────────────────────

　さらに，児童は「なんとかしたい。仲良くみんなで遊びたい」という気持ちになってきたので，第2発問「1人にだけ寂しい思いをさせず，みんなが笑顔になるにはどうしたらいいでしょう」をした。この時期の児童には，1人の主人公に共感する（複数を追わない）授業を展開するのが適当だという考えもあるが，お面やペープサートなどを活用して，明確に役割取得ができれば，今回のように，りす，あひる，白鳥，かめがそれぞれの立場から考えを発言することができる。白鳥役やあひる役になった児童は「りすさんを背中に乗せて飛べばいいかな」「でも，重くて長い時間飛べないかもしれない」，かめ役になった児童は「ぼくは泳ぐのが得意

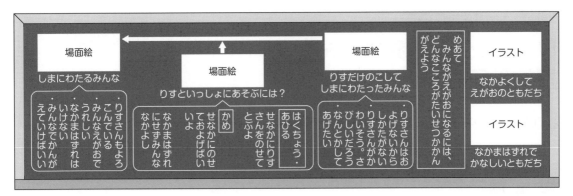

だから，ぼくが背中にりすさんを乗せて泳げばいいよ」「りすさんに声をかけてあげてね。ぼくもがんばって泳ぐから，ぼくも励ましてね」などと言いながら演技をしていた。そして，第3発問「りすをかめの背中に乗せて，島に渡る4人はどんなことを話しているでしょう」をした。りすを乗せて，楽しく島へ渡る3人に教師がインタビューをする。「りすさんも笑顔になってうれしい」「みんなでできることをすればいいね」。そして，全体に気づいたことを聞くと，「泳げないりすさんを最初から仲間はずれにするのはおかしい。みんなで考えて，みんなが笑顔になる方法を考えたらいい」と発言した。公正，公平な接し方を捉えた姿である。

評価の視点

【自分との関わり】自分の体験を基に，記述した内容の根拠等を学習プリントに記述することができたか。

【多面的・多角的思考】泳げないりすさんとどうしたら一緒に遊べるか，友達の意見を取り入れながら，演技することができたか。

---

❸終末　児童の学びをモニタリングする

終末段階は，道徳的実践意欲を高揚させることをねらった。本時の学習で気づいたことを交流する場を設定した。「仲間はずれなどしないで，みんなで考えて，いろいろできることを考えていくとみんなが笑顔になれると思う」とこれからへの意欲を示していた。

STEP4　授業改善への具体的な展望（Action）

「公正，公平，社会正義」の内容は，友情，信頼の内容との関連が深いので，内容間を関連させて指導するのも効果的である。また，日々の生活でも声かけをし，「笑顔いっぱいの木」などをつくって掲示したり，帰りの会で，「公正，公平」に関わる児童の日常生活の中で見つけたエピソードを取り上げてみんなに紹介したりして，道徳的実践意欲を継続させる取り組みをしていき，児童の成長を励ましたい。

（木下　美紀）

低学年　D−⒆生命の尊さ

掲載教科書
東書・学図・教出・日文
学研・あかつき

「ハムスターの赤ちゃん」の授業モデル

STEP1　PDCAの流れ

■全体計画・年間指導計画での位置づけ
「ハムスターの赤ちゃん」は，「命の教育」を進める重点教材として多くの道徳教科書に取り入れられている。「命の教育」は最重点項目として各教科書で2点ないし3点が用意されており，本教材は年間指導計画の中では様々な時期に取り入れられている。今回は，まだ書くことなどが十分ではないはやい段階で，「命の大切さ」を実感的に捉えられるようにしている。

■この授業の学習内容と学習活動の工夫
低学年の入門期として「生きていることのすばらしさ・よさ」について学ぶことを学習内容とした。そのために，授業では，①誕生にふれた時の感動，②成長にふれた時の喜び，③かけがえのない命を互いに共有，④命に対する感じ方の違いを確かめ合うという4点を大切にした。また，主な指導方法として役割演技を取り入れ体験的な学びとなるように工夫した。

■授業の振り返り（よい点）
お母さんのおなかにくるまってお話をする場面を教師と子供で演じることで，ずっとこのままお母さんのそばにいたいという気持ちと，はやく自分の力で歩き回ってみたいという気持ちがあることを実感できた。二度目の演技では立場をかえ，お兄さん・お姉さんになって赤ちゃんに話してもらう場面を演じた。できることがたくさんあることを自分事として話すことができた。

■振り返りを生かした今後の展望
多くの子供たちは，歩けるようになると，「たくさん友達ができる」「たくさん遊べる」「歩くだけでなく，走ることもできる」「自分で好きなところに行ける」といった前向きな話ができたが，中には「何もない」「わからない」と言う子供もいた。こうした子供たちの学校生活について一層よく見ながら，豊かな生活が送れるよう積極的に関わっていくことが大切である。

STEP2　本時の学習指導案（Plan）

(1)主題名　「いのち」　低学年　D－(19)生命の尊さ
(2)教材名　「ハムスターの赤ちゃん」（学研教育みらい）
(3)ねらい　生きることのすばらしさを知り，生命を大切にする心情を育てる。
(4)展開の大要

	学習活動と主な発問・予想される児童の反応	指導上の留意点
導入	1　挿絵を見て，感じたことを話し合う。 ・かわいい。 ・生まれたばかりだ。	○命の誕生に関わる場面にふれることで感じるあたたかさやわくわく感を共有し，学習の意欲を高める。
展開	2　1ページずつ読み進めながら，話し合う。 ○赤ちゃんを見たお母さんの気持ちは？ ・どの子もかわいいな。 ・みんな，元気に育ってね。 ○（自分で歩くことができず）そっと運ばれている赤ちゃんは，どんな気持ちでしょうか。 ・気持ちいいな。 ・お母さん，ありがとう。 ○赤ちゃんたちは，お母さんのおなかにくるまって，どんなお話をしているでしょうか。 ・お母さんのおなかはあたたかくて，うれしい。 ・ずっと，ここにいたいな。 ・はやく歩けるようになりたいな。 ○少しお兄さん・お姉さんになったみなさんから，もうすぐ自分の力で元気に歩き出すハムスターの赤ちゃんに，励ましの言葉を贈ってあげよう。 ・公園とかいっぱい行けるよ。 ・友達がたくさんできるよ。	○話を読み進めながら発問し，教材の世界にひたることができるようにする。 ○絵を見ながら，お母さんの気持ちを想像させる。本文に書いてあることを言ってもよい。 ○お母さんは，どの子のことも同じように大切に思っていることを感じ取らせる。 ○気持ちよさそうにしている赤ちゃんたちの会話を自由に演じてみる。安心感や，希望，明るさといったものを感じ取らせたい。 ※役割演技（遊びの感覚で自由に）。 ○家族への感謝や，これからたくさん楽しいことがあることなど，一人一人が赤ちゃんを励ます言葉を自由に考えて話し合わせたい。 ※ここでは，教師が赤ちゃん役となり，子供の言葉を聴くようにする。
終末	3　教師の説話を聞く。 ・一人一人がかけがえのない一人であること。	○教師が，みんなの励ましを受けて感じたことを伝え，みんなで命を大切にしていこうと呼びかける。

(5)評価　生きることのすばらしさを，一人一人が自分なりに感じ取ることができたか。

2章　学年別　PDCAを生かした道徳授業＆評価　◆　55

Sᴛᴇᴘ3　指導と評価の実際（Do・Check）

❶導入　お話の世界に引き込む導入を

　低学年は容易に物語の世界に入ることができる。教材中の挿絵を1枚絵として示し，感じたことを話し合うだけで，母親のあたたかさや命の誕生に対するわくわく感などをみんなで共有し，授業への興味・関心を高めることができる。低学年では，このような教材への自然な導入が効果的であることが多い。

❷展開　役割演技で，生きることの喜びを実感

　授業では教材を1ページずつ読み進めながら発問していく。赤ちゃんの成長に合わせて考えるようにするのである。「生まれたばかりの赤ちゃん」「まだ目が見えない赤ちゃん」「もうすぐ歩き出す赤ちゃん」の気持ちと，その時々のお母さんの気持ちを丁寧に比べて考えながら読み進めることで，自然にハムスターの赤ちゃんに自我関与させるのである。ここまでは教師と子供の一斉学習で進める。入門期の話し合いはどうしても教師と子供の一問一答になってしまう。そこで，なるべく一つの問いに対して，子供がたくさん発言を続けられるように，教師は受容的に聞く姿勢で待つことが大切である。

授業の工夫点

【1回目の役割演技】

　授業では教室の机をどけて椅子だけで授業を行った。教科書の置き場所に困る場面もあったが，子供たちの距離感や空気感が改善され，一体感をつくる上で効果的であった。

　演技の際は長椅子を用意し，お母さんに見立てたぬいぐるみを抱かせて赤ちゃんになったつもりで自由に語らせた。教師はお母さん役になって隣に座り，子供たちが話しやすいように問いかけたりうなずいたりして，多くの子供たちに語らせることができた。

【2回目の役割演技】

　ここで，赤ちゃんの役割を解除した。そして，「みんなも，こうやって家族やたくさんの人に守られて大きくなってきたんだね」と投げかけ，少しお兄さん・お姉さんになった子供たちから，もうすぐ歩き始める赤ちゃんに言ってあげたいことを話してもらうことにした。

　今度は教師が赤ちゃん役になって話を聞くようにした。先ほどと役割のイメージが重ならないよう，別のぬいぐるみを用意したが，ここはお面などを使ってもよいだろう。赤ちゃんから自分へと役割を変えることで自然に見る視点が変わり，「生命の尊さ」について，多面的に考えることができるのである。

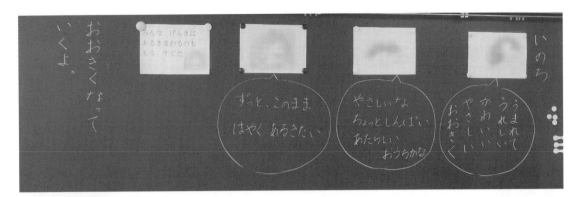

> 評価の視点
>
> 【主に多面的・多角的な見方への発展を捉えた評価】
> 評価の場面：主に，お母さんにやさしく運ばれている場面の話し合い
> ・お母さんのやさしさやあたたかさにふれる発言があったか。
> ・まだ目が見えない赤ちゃんの不安や，心配な気持ちなどに気づけていたか。
> 【主に自分自身との関わりでの価値の深まりに関する評価】
> 評価の場面：主に，赤ちゃんに話しかける役割演技の様子
> ・成長する喜びを，自分の言葉で語ることができていたか。
> ・赤ちゃんに語る言葉の中から，その子なりの成長や課題を感じ取ることができたか。

❸終末　あたたかい余韻を大切にする

　終末は，教師がたくさんの子供からかけてもらった励ましの言葉への感謝の気持ちを伝え，みんなの言葉でがんばろうという元気が出たことを話した。ここで語られた生きることの楽しさやあたたかさ，そしてやさしさそのものが，実感としての生きることのすばらしさなのである。

STEP4　授業改善への具体的な展望（Action）

　今回の授業は，入学後間もないこともあり，一切書くという活動を入れなかった。あくまでも「生命の尊さ」を体験的な学びを通して実感的に捉えることに絞って授業を行った。「命の教育」は最重点項目であり，学期ごとに教材が配置されている。当然その間に子供たちは小学校生活にも慣れ，活動場面が広がり，考える力・感じる力も育っていく。その中で当たり前のこととして見すごしがちな「生きている証」を実感し，言葉や文で表現できるようにするとともに，今後は自分の誕生を心待ちにしていた家族の思いなども扱い，生命の大切さを自覚できるようにしたい。

（広中　忠昭）

低学年　D-⒇自然愛護　　　　　　　　　　　　　　　　　　　掲載教科書
　　　　　　　　　　　　　　　　　　　　　　　　　　　　　学研

「空いろのたまご」の授業モデル

STEP1　PDCAの流れ

■全体計画・年間指導計画での位置づけ
本校の年間指導計画では，1年生の内容項目「自然愛護」の学習は2回位置づいている。教材「空いろのたまご」を通した学びは1年生ではじめての「自然愛護」に関する学習であり，道徳的心情を育成することをねらいとしている。
■本時で育てたい子供の力
動植物のことを考え，やさしく接しようとする心情を育成したい。

■授業の工夫点
　1年生の子供たちが，登場人物の心情や場面状況の理解を深めることができるように，動作化を取り入れた。
たまごを空にかざしてみる動作や，たまごを持つ動作をすることによって，ファーブルがどのような思いだったのかを実感しながら考えることができるようにした。

■授業の振り返り（よい点）
発問と発問の間に全員が参加する動作化を取り入れたことによって，子供たちの学ぶ意識が高まり，登場人物の心情や場面状況を把握することができた。
■授業の振り返り（反省点）
日常の道徳的事象とのつながりをより意識して考えることができるように工夫していきたい。

■振り返りを生かした今後の展望
子供たちが日常の道徳的事象を思い描きながら，登場人物への自我関与を深めていくことができるように，さらに発問の吟味をしていきたい。
また，内容項目「自然愛護」の学習の6年間の系統性から，本時の学びの在り方をあらためて考えていきたい。

STEP2　本時の学習指導案（Plan）

(1)主題名　「生き物のことを考えて」　低学年　D−⒇自然愛護

(2)教材名　「空いろのたまご」（学研教育みらい）

(3)ねらい　生き物のことを考えて接することの大切さに気づき，やさしく接しようとする心情を育てる。

(4)展開の大要

	学習活動と主な発問・予想される児童の反応	指導上の留意点
導入	1　アンリ・ファーブルについて知っていることを発表する。 ○アンリ・ファーブルさんについて知っていることはありますか。 ・虫が好きな人。 ・『昆虫記』を書いた人。	○ファーブルの写真や，『ファーブル昆虫記』の本を紹介し，人物との出会いを大切にする。 ○本時は，ファーブルの子供時代の話であることを確認し，教材へのいざないをする。
展開	2　教材「空いろのたまご」を読み，話し合う。 ○空色のたまごを見つけた時，ファーブルさんはどんなことを思ったでしょう。 ・きれいだな。 ・ほしいなあ。 ○たまごを空にかざしてみた時，ファーブルさんはどんな気持ちになったでしょう。 ・すてきだな。 ○神父さんの言葉を聞いて，ファーブルさんはどんなことを考えたでしょう。 ・戻した方がよかったかな。 ・母鳥にとって大切なたまごなんだな。 ・小鳥の家族は，一緒にいたいだろうな。	○場面絵を提示することを通して，ファーブルの心情について考えることができるようにする。 ○たまごを見つけて，空にかざした時の様子を動作化することによって，理解を深めることができるようにする。 ○「母鳥にとって，たまごはどのようなものなのか」など，ファーブルが気づいたことについて話し合い，自分の思いだけではなく，生き物のことを考えることができるようにする。
終末	3　自己を見つめ，自己の生き方についての考えを深める。 ○これまで，どのように生き物と接してきたかな？ ・これからは自分のことだけを考えないで，生き物のことを考えたいな。	○生き物との関わり方について，これまでの自分を振り返り，これからの生き方について考えることができるようにする。 ○子供たちの思いを認める。

(5)評価　「生き物のことを考えて接すること」についていかに考え，「生き物との関わり方」に関していかに自己の生き方についての考えを深めたか。

2章　学年別　PDCA を生かした道徳授業＆評価　◆　59

STEP3　指導と評価の実際（Do・Check）

❶導入　人物との出会いを大切にした導入を

　人物に関する教材の特長を生かし，人物との出会いを大切にした導入を行うことが大切である。アンリ・ファーブルの写真や『ファーブル昆虫記』の本を提示し，ファーブルについて知っていることを交流することによって，人物の生き方から学ぼうとする意識を高めることができる。ファーブルの子供時代の頃のお話を通して学ぶことを，教材へのいざないとすることによって，子供たちのわくわくした思いを学びの原動力とすることができる。

❷展開　心の動きを実感することができるような展開を

　本時のねらいである道徳的心情の育成に向けて，ファーブルの心の動きを実感することを通して，道徳的価値の理解を深めることが大切である。1年生の子供たちが，ファーブルの心情を考え，自我関与を深めて自己の思いを表出することができるようにしていく。

　「空色のたまごを見つけた時」「たまごを空にかざしてみた時」「神父さんの言葉を聞いた時」，ファーブルがどのような思いだったのかを考えることによって，心の動きを実感し，道徳的価値に関わる意識がどのように変わっていったのかを捉えることができる。

　特に，神父さんの言葉を聞いた時，ファーブルはどんなことを考えたのかを考えることによって，道徳的価値の理解を深めることができる。「母鳥にとって，たまごはどのようなものなのか」「生き物にとって，うれしいことはどのようなことなのか」を考えることによって，道徳的価値に関わる意識の変容を捉え，心の動きを実感することができるようにしたいものである。

　そのことを通して，子供たちは，心の弱さを乗り越えることの大切さに気づき，「生き物とどのように関わっていけばいいのかな？」ということについて，深く考えることができるようになる。

授業の工夫点

　1年生の子供たちは，動作化や役割演技等の表現活動を取り入れることによって，登場人物の心情や場面状況の理解を深め，生き生きと学ぶことができる。

　本時では，たまごを空にかざしてみる動作や，たまごを持つ動作をすることによって，ファーブルがどのような思いだったのかを実感しながら考えることができるようにする。

　発問と発問の間に，全員が参加する表現活動を入れることによって，子供たちの学ぶ意識を高めることができる。

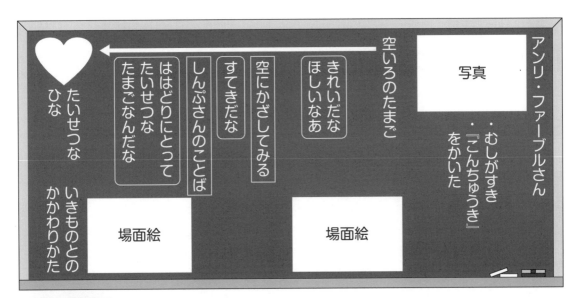

評価の視点

次の2点を,子供たちの学習状況を把握する視点とする。
・「生き物のことを考えて接すること」について,いかに考えたか。
・「生き物との関わり方」について,いかに自己の生き方についての考えを深めたか。
　子供たちの記述や発言を基に,把握する。

❸終末　自己の生き方についての考えを認め合う終末を

　人物との出会いを大切にした導入から始まり,道徳的価値についての理解を基に,自己を見つめ,自己の生き方についての考えを深める学びを通して,終末につなげることが重要である。
　本時では,「これまで,どのように生き物と接してきたかな?」と自己を見つめ,生き物との関わり方についての考えを深めることができるようにする。終末では,子供たちの考えを認め合えるようにして,生き方の支えになるようにしていきたいものである。

STEP4　授業改善への具体的な展望（Action）

　子供たちが日常の道徳的事象を思い描きながら,登場人物への自我関与を深めていくことができるように,さらに発問の吟味をしていきたい。
　また,6年間の道徳科の学びの中で,本時がどのように位置づいているのかを意識しながら発問を吟味するなど,未来を切り拓く子供たちの道徳性を育む豊かな授業を構想していきたい。

（川村　晃博）

低学年　Ｂ－⑽友情，信頼　　　　　　　　　　　　　　　　　掲載教科書
　　　　　　　　　　　　　　　　　　　　　　　　　　　　　光村・日文・学研

「くりのみ」の授業モデル

STEP 1　PDCAの流れ

■全体計画・年間指導計画での位置づけ
年間指導計画で11月に位置づけた。本教材のもつ季節感と，「友情，信頼」という価値についての考えを深める上で，「助け合う」ことや，その具体としての「分配」の意義を，損得感情にとらわれることに終始せずに，それを超えた行為に表れる友情の深さを理解できるだけの成長が前提となるからである。

■授業の工夫点
授業では，教材の最後の，きつねが涙を流す場面をカットし，うさぎが見つけた二つのくりのみのうちの一つをきつねに渡す場面から，即興的に役割演技させた。きつねとうさぎを即興的に演じ，自己の生き方の「表現」として演じられた意味を吟味することで，互いを信頼し，大切に思う友情のよさに関する理解が深まると考えた。

■授業の振り返り（よい点）
「一緒に食べよう」と言って隠したどんぐりを半分渡して，おいしく食べるうさぎときつねの姿から，助け合う喜びを，実感的に理解することができた。
■授業の振り返り（反省点）
きつねの気持ちを受け入れられるうさぎが演者として登場することで，きつねを自分の生き方として即興的にどう演じるかというテーマが生起し，きつね役の演じた「分配」の役割の意味がより深く理解されることが確認された。

■振り返りを生かした今後の展望
きつねの気持ちを問いながらも，演者としてうさぎを演じられる児童を見極め，きつねの適切な相手役として指名することが肝要である。

STEP 2　本時の学習指導案（Plan）

(1)主題名　「一緒に仲良く」　低学年　B－⑽友情，信頼

(2)教材名　「くりのみ」（光村図書，学研教育みらい）

(3)ねらい　たった二つしかとれなかったくりのみの一つを分けてくれたうさぎに対するきつねの気持ちを考えることで，自分を心配してくれたうさぎの思いを理解し，その気持ちに応え，分かち合う役割を役割演技で想像することを通して，ひとりじめするより，友達と分かち合い，助け合う方が，友達も自分も一緒にうれしくなることを実感的に理解する。

(4)展開の大要

	学習活動と主な発問・予想される児童の反応	指導上の留意点
導入	1　冬の雪山の様子を想像する。 ○冬の山の動物は，どのように過ごしているでしょうか。	○冬山の厳しさを想像することで，教材への導入を図る。
展開	2　教材「くりのみ」を読み，話し合う。 ○うさぎに「きつねさんも，何か見つかるといいですね」と言われた時，きつねはどんなことを思ったでしょうか。 ・やさしいなあ。 ○どんぐりをたくさん見つけた時のきつねは，どれほどうれしかったでしょうか。 ・やったー。なんとか，一安心。 ・とられないように，隠さなきゃ。 ○きつねはうさぎに，どんな気持ちから「なんにもなくて，はらぺこです」と言ったのでしょうか。 ◎きつねは，うさぎから渡されたくりのみを握りしめながら，どんなことを思ったでしょうか。 　きつねとうさぎで役割演技を行いましょう。 ・うさぎさん，ありがとう。ごめんね。 ・これ全部食べて。 ・一緒に食べよう。おいしいね。	○きつねの喜びを理解する。 ・どのくらいおなかがすいていたか，何も見つからないかもしれない不安がどのくらい大きかったかを想像するようにする。 ○食料を見つけられたきつねの喜びや安堵の気持ちを理解する。 ・残した分を隠すのは，生きるためであることを理解できるようにする。 ○うさぎをだますつもりではなかったことを理解する。 ○自分も大変な状況なのに，きつねを気づかううさぎのやさしさを理解し，それに応えようとするきつねを演じる。 ・うさぎの行為の意味に気づいた児童を，うさぎ役に指名する。 ・演じられた役割の意味について，演じた後の話し合いで明確にする。
終末	3　本時の授業でわかったことをノートに書く。	○友達の気持ちに応え，喜びを分かち合うよさについての理解や自己の生き方についての考えを深める。

(5)評価　（「半分」）分けたくれたうさぎの行為の意味の理解の深まりの様相を見取るとともに，演じられたきつねやうさぎの役割を解釈することを通して，ひとりじめするより分かち合う方がずっとうれしくなれることを，どの程度，どのように実感できたかを見極める。

2章　学年別　PDCA を生かした道徳授業＆評価　◆　63

STEP3 指導と評価の実際（Do・Check）

❶導入 冬の厳しい山の様子を想起させ，教材への導入を図る

「冬の山の動物は，どのように過ごしているでしょうか」と児童に問うと，冬眠に気づく児童がいたので，冬眠しない動物はどうしているのかを問うた。児童は食べ物がない切実さについては理解しづらい。特に「雪」がめずらしい地域では，雪山の厳しさを理解することは容易ではない。食べ物を見つけるのはとても困難であること，本格的な冬になる前の食べ物探しは，生きるために切実なことであることを感じられるようにするために，例えば，吹雪の写真や映像を見せたり，吹雪の音を聞かせたりして，臨場感を高める工夫をするのもよい。

❷展開 道徳的諸価値の理解と，自己の生き方の深まりの融合へ

教材を範読する際，場面絵を貼りながら場面ごとに区切って読む。状況を理解しながら，進行するにつれて自分事として考えられるようにし，演者，とりわけ主役であるきつねにとっての「適切な相手役」であるうさぎを演じられる演者を見極める。展開の第1発問では，「うさぎと競争だ」と意気込みを語る児童もいるが，導入の影響で見つかるかどうかという不安や恐怖を示す児童もいる。単に何がとれるかわくわくしているだけでなく，とれるかどうかは切実な問題であることを理解できるようにする。また，展開の第2発問では，どんぐりをたくさん見つけたきつねの喜びの大きさを手の広げ具合で表すよう指示するのもよい。その際，きつねの安堵の気持ちも理解することで，残りのどんぐりを隠したのは単に「よくばり」だからだけではないことに気づけるようにする。第3発問では，きつねの言葉の意味を考えるようにする。決してうさぎをだまして，うさぎのとったものまで手に入れようという考えではなく，自分の「蓄え」を守りたいために，つい口から出てしまったことであることに気づくようにする。そして，第4発問で，たった二つのくりのみの一つを渡された時のきつねの気持ちを問う。

授業の工夫点

第4発問は，きつねの心情を問う。だが，ここまでくると，きつねの立場から，うさぎをだましてしまった行為をはずかしく思ったり，後悔したりする気持ちを語る児童と，うさぎの立場から，渡したくりに込められた思い，すなわち，自分が空腹でも，さらに立場の悪いきつねを気づかい，食べずに持っていたものの「半分」を分かち合おうとするうさぎの気持ちを語る児童が出てくる。この後，前者をきつね役，後者をうさぎ役に指名して，うさぎがくりを渡す場面から役割演技を行うようにする。両方の立場の出会いから，くりを分かち合う意味に対する理解がより深まるようにし，児童が演じたいきつねを演じられるようにする。

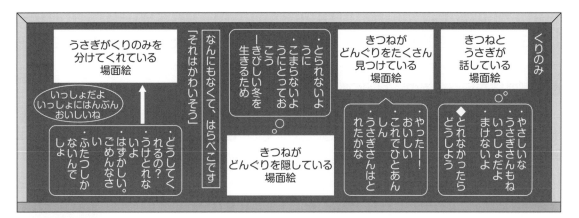

評価の視点

低学年では，ギブ・アンド・テイクの量や質の均等にこだわる児童は少なくない。自分が提供したものに見合った見返りが得られないと「損」をしたという感情にとらわれ，相手に見返りを要求したり，不満をぶつけたりしてけんかになる児童もいる。そんな時期の児童が，役割演技を通して，ひとりじめするより，たとえ自分の分が減ろうと，友達と「分かち合う」方が，相手ばかりか自分もずっとうれしく思えることを，「分かち合う友情のよさ」として実感的に理解できるようにする。そして，その実感の内容についての考えの深まりの質や程度を，普段の一人一人の児童との違いという視点から見取るようにする。

❸終末　個々の児童の理解を記述させる

役割演技によって分かち合うよさに気づいたと思われる場合は，「今日の勉強でわかったことを書きましょう」と指示して，ノートに記述させる。また，より視点を明確にしたい場合は，例えば「きつねさんは，『一緒に食べよう』と言っていたね。きつねさんは，どうして自分の分が減ってしまうのにうさぎさんにあげたのかな。あなたがわかったことを書きましょう」などと指示するのもよい。記述内容は個々の児童の学びに対する貴重な評価の材料となる。

STEP4　授業改善への具体的な展望（Action）

役割演技は単なる演劇指導と違い，演じられた役割が，児童の道徳的諸価値の理解の表れや，生き方についての考えの深まりの具体である。そのため，普段から支持的な観客を育てることに留意したい。支持的な観客は，演者が安心して即興的に演じられる環境を提供し，いつでも演者と交代できるようになるばかりか，演者の演じた意味を演者以上に客観的，かつ，相互的に解釈し，演者はもとより，授業に参加している全ての児童の理解を促進する。

STEP5 実践を通して明確になった，授業の充実のための課題（ポイント）

❶役割演技を行うまでの，状況の設定

即興的に役割演技を行う場合，観客にも演者にも，探究したい共通したテーマが生起する必要がある。本実践の場合，児童の間に共通のテーマを生起させるために，前提として，例えば，次のような状況に関する理解が共通のものとなっている必要がある。

①冬を迎える山の動物にとって，食べ物の確保は死活問題である。

②きつねがどんぐりの残りを隠したのは，決してよくばりだからだけではなく，冬をこすための貴重な「蓄え」としてである。

③きつねがうさぎに，「なんにもなくて，はらぺこです」と言ってしまったのは，相手への配慮だったり，警戒であったりしても，同情を誘って相手の収穫を横取りするまでの意味はなく，積極的にだますことまでは，考えていなかったのではないか？

④うさぎが持っていた二つのくりのみは，おなかいっぱい食べた残りではなく，1日中探し回ってやっとの思いで見つけた全てで，まだ食べずに持っていたものである。

特に，④については，教材には判断できる情報が明確に記述されておらず，疑いを抱く児童もいる。授業者は，共通の状況理解を促すために，1日中探し回って見つけたのがこの二つだけであったこと，うさぎはまだ一つも食べていない状況を，明確にする。

❷演者の選定

役割演技の演者で大切なのは，主役であるきつね役が，自分の本当に演じたい役を演じられる「適切な相手役」としてのうさぎである。例えば，たった二つしかないくりのみを一つあげるうさぎの「決意」がわからない児童がうさぎを演じると，きつねがなかなか受け取ろうとしない意味や，すまないと思う気持ちは理解できないであろう。ましてや，空腹が偽りであったことを告げれば，怒りに終始するかもしれない。あるいは，分かち合おうとしたきつねに対して，自分をだました償いとしてより多くの分配を要求するかもしれない。つまり，きつねのテーマとしての「分配」が探究できなくなる事態が起きかねない。友情の表れとしての物理的・心理的に均等な分配ができるうさぎと出会えてはじめて，友達としてのきつねからの分配を演じられるのである。児童は，授業の中で，必ず登場人物の誰かに自分を重ねながら考え始める。演者として指名される際，児童は，自分が考えている人物像と合致した役割であれば，演じることができる。担任であれば普段の児童の様子から，うさぎを演じられる児童と，きつねを演じ「させたい」児童のめぼしはつくと思う。それをより明確にするために，第4発問での児童の発言を解釈しながら聞き分ける。例えば，うさぎから渡されたくりのみを握りしめているきつねの気持ちを問う発問に対して，「うさぎさんは，きっと，がんばって探したのに，二つし

66

か見つからなくて，おなかがすいているだろうな。そんな大切なくりのみは受け取れないよ」と答えたとする。この発言は，きつねの気持ちを語っているようであるが，うさぎの苦境を想像しているともいえる。中には，「うさぎは，きつねが何もとれなかったらかわいそうだから，その時は半分分けてあげようと思って，食べずに持ってきたんじゃないのかな」と直感的な発言をする児童もいる。そんな発言に対し，「あなたはうさぎさんの気持ちを考えているのですね」などと返し，この時の児童の表情を観察する。児童が同意しているようであれば，間違いなくその児童のテーマは，「うさぎの配慮（きつねの苦境への共感）」であり，教師の言葉をきっかけに，「うさぎ」を深め始める。つまり，その時間の中でうさぎを「創る」のである。

　一方，きつねはどうするか。極端な言い方をすれば，「うさぎの配慮」がテーマのうさぎに出会えれば，きつねは誰でも演じられる。普段，友情にも「損得」を持ち込みがちな児童がきつねを演じられるようにするのも意味深いと考える。

❸ねらいから場面を構成する

　本時のねらいは，きつねがうさぎに謝ることに終始することではない。うさぎの分配の意味を理解するとともに，その理解を基にきつねとして演じたい役割を演じ，その役割の意味を考えることで，さらに道徳的価値に関する理解を深めることが，役割演技を用いる意味である。

　例えば，演じる前に，きつね役の児童に，どの辺にどんぐりを隠したのか問うようにして，全員でその場所を確認しておく。その上で，役割演技は「それはかわいそう。じゃあこれをどうぞ」と言ってうさぎがきつねにくりのみを渡す場面からスタートすること，その後の演技は，演者に任せることを，演者だけでなく，必ずクラスの全員に向けて伝えてから役割演技の開始を指示するようにする。すると，次のような役割演技が展開された。

　きつねは，両手で大事そうにうさぎからくりのみを受け取るが，なかなか食べようとしない。遠慮していると解釈したうさぎに何度も食べるように促されると，きつねは意を決したように，「ごめんなさい。こんな大切なもの，もらえないよ。本当は，どんぐりをいっぱい見つけて，おなかいっぱい食べたの。だから，ごめんなさい」とうさぎにくりのみを返そうとした。するとうさぎは，「え，嘘だったの？」と驚いた後，「たくさんとれてよかったね」と心から喜ぶ様子を示した。別の子供たちとの授業では，「え？　嘘だったの？　ひどいよ」とうさぎはショックを受けていた。しかし，いずれもこの後，きつねは自分がどんぐりを隠した場所へうさぎを案内し，自分の隠したどんぐりを惜しげもなくうさぎに両手いっぱいに分け与え，「一緒に食べよう」と言って，おいしそうに食べることができた。演じた後，観客の児童は，「きつねはうさぎに，半分あげていた」と指摘し，うれしそうな笑顔の意味を解釈した。演者も，「（もらったくりのみと）数は違っても，半分ずつ一緒なの。惜しくない」とうれしそうに答え，「（蓄えは減っても）一緒に探しに行くから大丈夫」と，友達と信じ合い，分かち合うよさについて語ることができた。

（早川　裕隆）

中学年　A-(3)節度，節制　　　　　　　　　　　　　　　掲載教科書
　　　　　　　　　　　　　　　　　　　　　　　　　　　学研

「見つからないリコーダー」の授業モデル

STEP 1　PDCAの流れ

■**全体計画・年間指導計画での位置づけ**
本校の年間指導計画では，3年生の内容項目「節度，節制」の学習は，2回位置づいている。教材「見つからないリコーダー」を通した学びは，3年生の1回目の内容項目「節度，節制」に関する学習であり，道徳的態度を育成することをねらいとしている。
■**本時で育てたい子供の力**
安全に気をつけ，節度ある生活をしようとする道徳的態度を育成したい。

■**授業の工夫点**
「どのような心が，道徳的問題の原因になったのか」について考え，心の弱さを乗り越えて，道徳的価値の実現に向けて生活していくために，本時では，問題解決についての話し合いの過程で，心の弱さに克つためにはどうすればよいのかについて考え合うことを充実させた。

■**授業の振り返り（よい点）**
節度ある生活をするために大切なことについて，子供たちは日常の道徳的事象を思い描きながら具体的に考えることができた。
■**授業の振り返り（反省点）**
健康に関すること，安全に関すること，規則正しくきまりがよい生活に関することなど，より多くの視点で考えることができるように工夫していきたい。

■**振り返りを生かした今後の展望**
本校の年間指導計画では，内容項目「節度，節制」に関する3年生の2回目の学びは，「よくばりすぎず，節度のある生活をすることができていたかな？」についての道徳的判断力を育成することをねらいとする。本時の学びがどのようにつながっていくのかをより意識して発問を吟味するなど，道徳科の学びのつながりを考えて，本時の学びの在り方をあらためて考えていきたい。

STEP2　本時の学習指導案（Plan）

(1)主題名　「自分の生活を整える」　中学年　Ａ‐(3)節度，節制
(2)教材名　「見つからないリコーダー」（学研教育みらい）
(3)ねらい　自分の生活を自分で整えることの大切さに気づき，安全に気をつけ，節度ある生活をしよう
　　　　　　とする態度を育てる。
(4)展開の大要

	学習活動と主な発問・予想される児童の反応	指導上の留意点
導入	1　これまでの生活を振り返り，交流する。 ○これまでの生活を振り返って，ついしすぎてしまったなあということはありますか。 ・テレビを見すぎてしまったことがあったなあ。 ・ゲームをしすぎてしまうことがあったなあ。	○大切だと思っていることと，わかってはいるけれどついしすぎてしまったことを発表し，「節度ある生活をするためには，どんなことを大切にすればよいのだろう」という問題意識をもつことができるようにする。
展開	2　教材「見つからないリコーダー」を読み，話し合う。 ○あきらさんのことをどう思いますか。 ・だらしない生活をしていると思う。 ・自業自得だと思う。 ○どんなことがいけないと思いましたか。 ・部屋をちらかしている。 ・遅くまで起きている。 ○あきらさんはどうすればよかったのでしょう。 ・「あと５分だけ」「まだ大丈夫」という気持ちに克つ。 ○節度ある生活をするために大切なことは，どのようなことでしょう。 ・自分の生活を自分で整える。	○道徳的事象について判断し，道徳的問題を発見することができるようにする。 ○道徳的問題の原因を明らかにする。 ○道徳的問題の解決に向けて，どうすればよいのかについて，グループで話し合うことができるようにする。 ○解決の手がかりとなる道徳的価値を明確にするとともに，道徳的価値に根ざした具体的な考えを交流できるようにする。
終末	3　自己を見つめ，自己の生き方についての考えを深める。 ○自分の生活を自分で整えるために工夫していることがありますか？ ・自分で生活のスケジュールを決めて，なりたい自分を考えて実行する。弱い心にも負けない。	○安全で節度ある生活について，これまでの自分を振り返り，本時で学んだ心を態度化する具体的な場面を思い描くことができるようにする。 ○互いの考えを認め合うことができるようにする。

(5)評価　「自分の生活を自分で整えること」についていかに考え，「安全で節度ある生活」に関していかに自己の生き方についての考えを深めたか。

Sₜₑₚ3　指導と評価の実際（Do・Check）

❶導入　子供たちの問題意識を大切にした導入を

　３年生の子供たちは，生活経験や２年生までの道徳科の学びから，気持ちのよい生活を送るために大切なことを知っている。しかし，ついしすぎてしまうことがあるなど，大切なことについてわかってはいるものの，できない時があることも少なくない。そこで，そのような意識のズレに着目することによって，「節度ある生活をするためには，どんなことを大切にすればよいのだろう」という問題意識をもつことができるようにする。このことが，授業を貫く問題意識となり，学びの原動力となる。

❷展開　問題解決の手がかりを学ぶことができるような展開を

　子供たちが，自分の生活を自分で整えることの大切さに気づき，これからの生き方の支えとなる考えをもつことができるようにすることが重要である。

　本時の教材は，子供たちの身近な道徳的問題を内包しているため，問題解決的な学びとなるように展開することが，本時のねらいである道徳的態度の育成に向けて効果的である。

　したがって，道徳的問題を発見し，道徳的問題の原因を明らかにするとともに，「どのように解決していくのか」「解決の手がかりとなるものは一体何か」について考え，道徳的価値の理解を深めていくことが大切になってくる。

　本時では，道徳的態度の育成に向けて，道徳的価値に根ざした具体的な考えを交流できるようにする。「節度ある生活をするために大切なこと」について，睡眠などの「健康に関することの視点」，登下校などの「安全に関することの視点」，生活リズムや整理整頓などの「規則正しくきまりがよい生活に関することの視点」を基にしながら，具体的に考えることができるようにしたい。

｜授業の工夫点｜

　道徳的問題は，心が関係している。「どのような心が，道徳的問題の原因になったのか」について考え，心の弱さを乗り越えて，よりよい自分を思い描き，道徳的価値の実現に向けて生活していくことが大切である。

　本時では，「あと５分だけ」などの心の弱さに克つためにはどうすればよいのかについて考え合うことを充実させる。

　このことが，子供たちにとっての今後の生き方の手がかりとなる。心の弱さを乗り越えることについて，みんなで考え合うことが，深い学びにつながっていく。

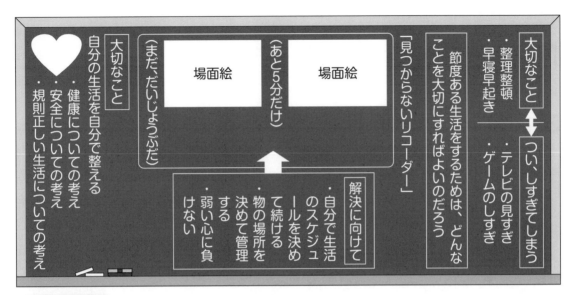

> 評価の視点

次の2点を，子供たちの学習状況を把握する視点とする。
・「自分の生活を自分で整えること」について，いかに考えたか。
・「安全で節度ある生活」について，いかに自己の生き方についての考えを深めたか。
　子供たちの記述や発言を基に，把握する。

❸終末　具体的な場面を思い描き，考えを認め合う終末を

　具体的な道徳的行為への身構えである道徳的態度を育成するためには，学びの終末段階において，本時で学んだ心を態度化する具体的な場面を思い描くことができるようにすることが大切である。
　さらに，これからの生き方の支えとなる考えとなるように，互いの考えを認め合いたいものである。

STEP4　授業改善への具体的な展望（Action）

　本校の年間指導計画では，内容項目「節度，節制」に関する3年生の2回目の学びは，「よくばりすぎず，節度のある生活をすることができていたかな？」という視点で自己を見つめ，自己の生き方についての考えを深める，道徳的判断力の育成をねらいとした学びとなる。本時の学びがどのようにつながっていくのかをより意識して発問を吟味するなど，道徳科の学びのつながりをより大切にして授業を構想していきたい。

（川村　晃博）

中学年　B−(7)親切，思いやり

掲載教科書
教出・日文・学研・あかつき

「心と心のあく手」の授業モデル

STEP 1　PDCA の流れ

■全体計画・年間指導計画での位置づけ
「心と心のあく手」は，本校の年間指導計画では，11月に設定されている。「親切，思いやり」の複数時間構成をしている。事前に，①親切にする大切さを学び，その学びを基に，②「本当の親切」として，本教材を活用する。
■本時で育てたい子供の力
相手の様子を的確に捉え，相手の望む親切をする大切さを捉えさせたい。

■授業の工夫点
本授業の工夫点は2点ある。一つは，児童が自分の親切を振り返り「本当の親切とは？」と問題意識をもつような2枚の絵を提示して比較し，話し合う活動を設定する。もう一つは，教材の一度親切にしようとして断られたおばあさんに再度出会い，親切にするか迷う道徳的問題場面において，「声をかける」か「声をかけない」か判断し，その根拠を基に対話する活動を仕組む。

■授業の振り返り（よい点）
ペアでの対話活動を取り入れたことで，親切について多面的・多角的な見方，考え方に至る深い学びに発展させることができた。
■授業の振り返り（反省点）
行為面から心情面へと至るには，「そのわけは……」と言って，児童自ら根拠を基に話し合えるようにする道徳的学び方の積み重ねが必要である。

■振り返りを生かした今後の展望
本授業は4年生の11月に行った授業である。学習プリントに児童は「今までの自分の親切を見直すよい機会となった。相手の様子をよく見て，これから本当の親切をしていきたい」と記述した。「親切，思いやり」の内容項目の実践ができるように，「やさしさの木」などをつくり，日常への実践化を図りたい。そして，日々の生活でも声かけをし，児童の成長を励ましたい。

Step2　本時の学習指導案（Plan）

(1)主題名　「本当の親切とは？」　中学年　B－(7)親切，思いやり

(2)教材名　「心と心のあく手」（「わたしたちの道徳」文部科学省）

(3)ねらい　困っている相手の状況を吟味して的確に捉え，自分のとりうる行為を考えて判断することができるようにする。

(4)展開の大要

	学習活動と主な発問・予想される児童の反応	指導上の留意点
導入	1　2枚の絵を基に，自分の日常生活の中の親切について考え，本当の親切について話し合う。	○2枚の絵（「親切にして喜ばれる絵」「親切にして断られる絵」）を提示することで，親切，思いやりに関する問題意識をもつことができるようにする。
展開	2　教材「心と心のあく手」を読み，話し合う。 ○二度目におばあさんに出会った場面で，あなたは声をかけますか，声をかけませんか。そのわけは？〈①ペアによる対話活動〉 【声をかける】 ・おばあさんが心配。 ・声をかけてほしいだろう。 【声をかけない】 ・前断られた。 ・お手伝いは必要ないかもしれない。 〈②クラス全体での対話活動〉 ○見守るという行動をとった主人公はどんなことを考えたのでしょう。 ・ほうっておけない。なんとかしたい。 ・見守るのが今できる親切だと思った。	○登場人物の様子を基に，物語のあらすじをおさえる。 ○道徳的な問題場面で，自己の考えにおいて判断し，多様な価値観を表出するために，炎天下でおばあさんに再度出会った主人公のとった行動について想像し，「声をかける」か「声をかけない」か選択し，その根拠について記述する場を設定する。それを基にペアで対話をする。 ○さらに，対話活動で付加・修正された考えについて明らかにするために，全体で交流する。 ○おばあさんを心の中で応援し続ける場面の主人公の気持ちを考え，全体交流することで，道徳的価値を捉えることができるようにする。
終末	3　親切，思いやりで新しく気づいたことを話し合う。 ○本当の親切とは何でしょう。 ・相手の本当に望むことは何だろうと考えることが大切。	○導入と終末の児童の考えを比較して，児童の新たな気づきを価値づける。

(5)評価　・【自分との関わり】学習プリントに親切について自分の体験を基に記述することができたか。

　　　　・【多面的・多角的思考】友達の意見を取り入れながら，対話活動をすることができたか。

2章　学年別　PDCAを生かした道徳授業&評価　◆　73

Step3 指導と評価の実際（Do・Check）

❶導入　問題意識をもたせる導入を（問題解決的な学習へ）

　重い荷物を持っているおばさんに声をかけて喜ばれる絵と断られる絵の2枚を提示し，「親切にしようとする（荷物を持とうとする）ことは同じなのに，何が違うのか」と児童に投げかける。児童は，同じ親切（働きかける者の行為と心情は同じ）なのに，受け入れられる場合と断られる場合があり，相手に着目して，相手の望んでいる親切だろうかという気づきをもった。そして，「親切に違いがあるのか。本当の親切について知りたい」という親切，思いやりについての問題意識をもつことができた。

❷展開　多様な価値観が表出される対話活動

　教材を範読する。今回は，分割して提示する。児童の判断を大切にするためである。教材の分割提示については意見が分かれるが，教師が明確なねらいをもって行うことが大切である。
　展開の第1発問は「二度目におばあさんに出会った場面で，あなたは声をかけますか，声をかけませんか」である。前に声をかけて断られた主人公が再度おばあさんに出会い，つらそうなおばあさんに声をかけるかかけないかを，立場を決めて根拠を基に対話する場を設定した。
　「おばあさんが心配だから，声をかけたい。今日は特につらそうだから。前，エレベーターで困っているおばあさんに声をかけられなくて，ずっと今でも気になっている」「前に声をかけて断られたし，おばあさんはリハビリ中だからじゃましてはいけないから声をかけない。でも，おばあさんが心配」と自分の体験に基づいた根拠を基に対話していた。そして，対話は，しだいに「おばあさんのためになるには」という相手を中心とした視点に変化してきた。

> **授業の工夫点**
>
> ・今回は，児童の判断を大切にするため，教材は分割提示する。
> ・道徳的問題場面（再度おばあさんに出会って，声をかけるか，声をかけないか）において自分の立場を明確にして，その根拠を交流する対話活動を仕組む。
> ・見守るという行動をとった主人公の行為や考えから本当の親切について考える場を設定する。「見守る」という行為がよいのではなく，その行為を支えた心情のよさに着目させる。

　児童は「こんなに悩むのに，主人公はどうしたのだろう」と発言した。児童からの内的な必要感を基に教材の後半の提示をする。ここで注意したいのは，教材の主人公の行為や考えが，対話の答えにはならないということである。あくまでも，主人公はこういう行動をとったということで，児童が自己の振り返りをすることが大切である。この教材は，A or B＝Cという

74

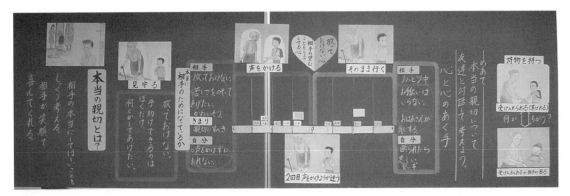

構造になっており，児童の親切の捉えを広げることを意図した教材となっている。

第2発問は「主人公は悩んだ末，見守るという行動をとりました。どんな考えからそうしたのでしょう」である。この場合，「声をかける」も「声をかけない」も相手のことを思うという「相手」の視点を大切にしている児童の捉えのよさと，対話のよさ（活動のよさ）を十分おさえた上で，後半を提示したい。児童は，「つらそうなおばあさんをほうっておけない，なんとかしたい，という気持ちがあふれた」「見守るのが今できる親切だと思った」と主人公の心情を発言した。ほうっておけないという親切の本義を捉えた発言である。

> 評価の視点
>
> 【自分との関わり】学習プリントに親切について自分の体験を基に記述することができたか。
> 【多面的・多角的思考】友達の意見を取り入れながら，対話活動をすることができたか。

❸終末　学びの成果をモニタリング

終末段階は，道徳的実践意欲を高揚させることをねらった。本時の学習で気づいたことを交流する場を設定した。「本当の親切とは」と発問すると，児童は，「相手のことが気になって仕方がない気持ちがあふれること。前の自分の経験を思い出した。これから相手が笑顔になるような親切をしていきたい」と道徳的価値の捉えと，これからの意欲を示した。

STEP4　授業改善への具体的な展望（Action）

「親切，思いやり」の内容項目については，内容項目の関連を通して指導するのも効果的である。また，日々の生活でも声かけをし，「やさしさの木」などをつくって掲示したり，帰りの会で，「親切，思いやり」に関わる児童の日常生活の中で見つけたエピソードを取り上げてみんなに紹介したりして，道徳的実践意欲を継続する取り組みで児童の成長を励ましたい。

(木下　美紀)

中学年　C-⑿規則の尊重

掲載教科書
東書・学図・教出・光村
日文・光文・学研・あかつき

「雨のバスていりゅう所で」の授業モデル

STEP 1　PDCAの流れ

■全体計画・年間指導計画での位置づけ
「雨のバスていりゅう所で」は，本校の年間指導計画では，10月に設定されている。それは，「規則の尊重」という価値をじっくり考えるには，子供が規則について考えたり問題意識をもったりすることが前提となるからである。
■本時で育てたい子供の力
みんなが気持ちよく生活するための心構えを規則にしていることを自覚させたい。

■授業の工夫点
授業では，「みんなが守っているものは何だろう」というテーマで話し合いを行った。手立てとして，はじめのよし子と後のよし子の違いについて話し合い，そこから「きまりでなくても守るべきものがあり，それをきまりにしている」というように，「何のためにきまりがあるのか」ということについて子供の言葉を生かしながら授業を展開した。

■授業の振り返り（よい点）
よし子とその他の人々の意識を比較して考えさせることで，双方の公徳に関する意識の違いについて考えさせることができた。
■授業の振り返り（反省点）
全員の意識の変容を見取ることができなかったので，道徳ノートや日常生活の言動の中から子供たち自身の規則に対する意識の変容を見取っていきたい。

■振り返りを生かした今後の展望
本授業は4年生の3月に行った授業である。5年生へのつなぎとして，あらためて日常生活を「きまりに対する意識」をもちながら生活させたい。子供の意見には「自分の中にルールがある」と書かれていたものもあり，ねらいに迫ることができた。日々の生活でも声かけをし，子供の成長を励ましたい。

STEP2 本時の学習指導案（Plan）

(1)主題名 「きまりは何のため？ 誰のため？」 中学年 C-(12)規則の尊重
(2)教材名 「雨のバスていりゅう所で」（光文書院）
(3)ねらい 約束や社会のきまりの意義を理解し，それらを守ることの意味について考える。
(4)展開の大要

	学習活動と主な発問・予想される児童の反応	指導上の留意点
導入	1 きまりがある意味について考える。 ○きまりは何のためにあるのでしょうか。 ・守るため。 ・みんなのため。	○規則がある意味について多様な視点から意見を引き出す。
展開	2 教材「雨のバスていりゅう所で」を読み，話し合う。 ○よし子と他の人たちとの違いは何でしょう。 ・よし子は自分のことだけを考えているけれど，他の人たちはみんなのことを考えている。 ○このバス停には，「雨の日は順番に乗りましょう」などというきまりがない（書かれていない）ですね。だったら守らなくてよいのではないですか。 ・よし子にとってのルールは自分の外にあるけれど，本当のルールは書かれていなくても自分の心の中にある。 ○そのような人は，きまりではなくて何を守っているのでしょう。 ・みんなが気分よく過ごせること。 ○そういう人が増えたらどうなりますか。 ・きまりにしなくても守れる。 ・きまりが減る。	○はやく乗って座りたいというよし子の気持ちに寄り添わせながら，他の人との違いについて考えさせる。 ○目に見えるきまりと見えないけれど確かにあるきまりについて気づくことができるように発問を工夫する。 ○比較しやすいように横書き・図式化した板書を提示し，子供たちの主体的な気づきを促すようにする。 ○最終的には「きまりだから守る」世界から，「きまりではなくても自分たちの公徳心から尊重し合う行動をきまりとしている」世界につなげたい。
終末	3 本時の学びを話し合う。 ○今だったらきまりは何のためにあるといえますか。 ・みんなの安全や心地よい生活のため。	○導入と終末の子供の考えを比較して，子供の新たな気づきを価値づける。

(5)評価 きまりが何のためにあるのか，それらを守ることでどんなよいことがあるのかを理解し，自ら進んできまりを意識できるようになったか。

STEP3　指導と評価の実際（Do・Check）

❶導入　展開や終末に生かせる導入を

　「きまりは何のためにあるのでしょうか」と子供に投げかける。「守るため」「安全のため」などというような，日頃自分が言われていることを発言するであろう。このきまりに対する意識をおさえておき，授業中の意識の変容をねらう。最後に同じ問いに返ることで，自分自身の規則観の変容を具体的に振り返ることができる。

❷展開　外づけの価値観から内面的な価値観へ

　教材から見える（読み取れる）世界と見えない（読み取れない）世界がある。展開時には見えない（読み取れない）世界に気づくような投げかけをすることで，きまりの本質的な意義が見えてくる。本時でいえば，「きまりは書いていないのだから守る必要がないのでは」という問いかけがそれにあたる。

> **授業の工夫点**
>
> 【比較を行う】
> 　本時における効果的な比較は次の二つである。
> ①よし子とその他の人々との意識の比較
> ②はじめのよし子と後のよし子の意識の変容の比較
> 　この二つの比較から，子供たちが気づいたり，発見したりしたことを意味づけし，まとめていくことで，本教材のよし子の気づきが学習者である子供たち自身のものとなる。

　比較対象を明確にした上で，違いを子供たちに尋ね，その理由を話し合っていくという展開を子供たち主体で行う。すると，子供たちの自由な発想から様々な意見や「名答」が出されてきておもしろい。今回はみんなのことを考えるのが「人様」で，よし子のように自分のことしか考えないのはそれに対して「私様」だという意見が出された。このように，子供の思考は子供なりの言葉でこそ，共有され，発展していくのだと思う。

　また，ルールはどこにあるのかという話題もおもしろかった。子供たちは見えない世界にもルールがあり，それこそが自分たちが大事にすべきマナーであったり，常識であったりするということに言及した。おそらく，マナーとルールの違いについて，3年生の時に学んでいたことも生かされているのだと考える。このような，学習の蓄積も意図して授業を構想したい。

> **授業の工夫点**
>
> 　マナーとルールは同じか違うか。違うとしたら何が違うか。順序があるとしたら，どちらが先（もと）か。などの観点で考えさせると多面的・多角的な思考が促される。

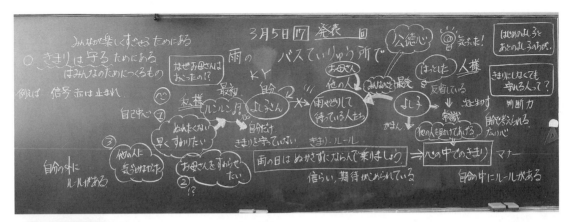

> **評価の視点**
>
> はじめの「きまりは守るためにある」という意識から，本時の学習を経て，授業後の「心の中できまりをつくれる人は，きまりにしなくても守ることができる。つまり，きまりだから守るのではなく，みんなが大事にしたいものをきまりにしている」というような意識の変容を，自分自身で捉えさせたり，教師が意味づけしてあげたりして，自分自身の成長を実感させてあげることが重要である。

❸終末　新たな価値観に基づく未来の展望を

「きまりにしなくても守れる」のは，人間には公徳心があるからである。それに気づいた子供たちは，自分たちもそのようなきまりに縛られない世界を創り上げることができるという，プライドにも似た前向きな展望を抱くことができるであろう。よりよく生きる実践者としてはばたく原動力として，このような根拠のある自信をもたせることが重要であろう。授業も，このような自信と展望をもたせて終わりたいものである。

STEP4　授業改善への具体的な展望（Action）

本教材は，主人公が母親にたしなめられて終わっている。ハッピーエンドではない。だからこそ，答えが書かれておらず，子供たちに考えさせる展開に持ち込むことが容易であるとも考えられる。しかし，失敗談として読んでしまうと，「そうならないためにはどうしたらいいのでしょう」的な問いに陥りがちである。それではとたんに価値が外づけになってしまう。子供たちのそのような他者依存型体質を十分に警戒しつつ，指導にあたりたい。例えば，次時でうまくいった内容の教材を使い，「ほめられた（罰を受けなかった）から，ルールを守ってよかったのか」と問うような展開を試み，子供たちの思考を深めていきたい。

（加藤　宣行）

中学年　C-⒂家族愛，家庭生活の充実

掲載教科書
東書・学図・教出・光村
日文・光文・学研・あかつき

「ブラッドレーのせい求書」の授業モデル

STEP 1　PDCAの流れ

■全体計画・年間指導計画での位置づけ
「ブラッドレーのせい求書」は，本校の年間指導計画では，10月に設定されている。道徳授業地区公開講座で，保護者と一緒に家族のことやお金のことを考えてもらうためである。
■本時で育てたい子供の力
親の深い愛情に感謝し，家族の一員として役に立とうとする心情を育てる。

■授業の工夫点
ブラッドレーの書いた請求書と，お母さんが書いた請求書には大きな違いがある。お母さんの請求書の価値に気づかせるためにも，安易に請求書を書いたブラッドレーの気持ちと，お母さんの請求書を見た時のブラッドレーの気持ちを考えることで，家族からの深い愛情に気づいていくよう工夫した。また，それを実体験できるよう，保護者からの手紙も用意した。

■授業の振り返り（よい点）
保護者からの手紙を読むことで，教材の中で考えたブラッドレーの気持ちと，自分の日常生活をつなげ，心情が育った先の実践意欲にまで結びつけることができていた児童がいた。
■授業の振り返り（反省点）
お金をもらうことがいけないと解釈している子がいたのではないか。

■振り返りを生かした今後の展望
本授業は3年生の10月に行った授業である。4年生で，あらためて別教材で「家族愛」について授業をする際は，この手紙をもらったという事実を大切にしながら，今どのようなことを家族のためにしているのか問うところから始めたい。そのために，日々の学校生活から，児童の見取りを大切にしていきたい。

STEP2 本時の学習指導案（Plan）

(1)主題名 「家族のために役に立つ喜び」 中学年　C‐(15)家族愛，家庭生活の充実

(2)教材名 「ブラッドレーのせい求書」（文部省）

(3)ねらい　親の深い愛情に感謝し，家族の一員として積極的に役に立とうとする心情を育てる。

(4)展開の大要

	学習活動と主な発問・予想される児童の反応	指導上の留意点
導入	1　家で行っている手伝いについて考える。 ○家でどんなお手伝いをしていますか。 ・ゴミ出し ・お風呂洗い ・お皿洗い ・弟や妹のお世話	○家族の一員として行っていることについて問題意識をもつ。
展開	2　教材「ブラッドレーのせい求書」を読み，話し合う。 ○ブラッドレーはどんな気持ちでお母さんに請求書を渡したのでしょう。 ・お手伝いしたんだから当たり前。 ・これからもこうやってかせぐぞ。 ◎お母さんの請求書を読んだブラッドレーは，どんな気持ちだったのでしょう。 ・自分のことしか考えていなかったな。 3　あらためて学習課題について考える。 ○家族の一員としてどんなことをしていますか。	○見返りをもらうのが当然だと考えるブラッドレーの気持ちを考える。 ○場面絵の請求書が０ドルだとわからないように隠す工夫をする。 ○無償の愛が家族を支えていることに気づいてほしいと願う母の気持ちにもふれる。 ○自分の愚かさと母の愛情に気づいて反省するブラッドレーの気持ちを考える。 ○具体的な手伝いを想起しやすいようにし，机上の空論にならないようにする。
終末	4　保護者からの手紙を読む。	○生まれた時の様子を知ることで，家族の愛情をあらためて認識し，余韻をもたせて終わる。

(5)評価　お母さんからの請求書を読んで涙を流すブラッドレーの姿から，自分事として家族の愛情について考えることができたか。

STEP 3　指導と評価の実際（Do・Check）

❶導入　これまでの経験を想起させる

　家で行っているお手伝いを聞くと，子供たちは一斉に手を挙げる。ここで授業への興味・関心を高めておくことは大切だが，子供たちは発表したいだけで，実際はそのお手伝いを毎日してはいないことが多い。たまに行っているお手伝いもどんどん発表したがる。そこを教師は理解しつつも，「すごいね」「えらいね」と聞いていく。家族のためにたくさんお手伝いをしているという実感があっても，保護者はそれの何十倍もやっている。そこに気づかせるためにも，まずは，自分たちがたくさんお手伝いをしているという感覚をもって教材に入る。

❷展開　ブラッドレーとお母さんの請求書の違いは何か

　今回は，読んだ感想を聞いた後，学習課題を立てずに授業に取り組んだ。学習課題があることで，児童一人一人の納得解に向かっていくという考えもあるが，学習課題を置くことが，道徳の時間を難しくさせ，理解についていける児童だけでの討論になる恐れもある。「ブラッドレーのせい求書」のようなわかりやすい名作教材では，あえて学習課題をつくらない流れもあると考える。

　第1発問では，ブラッドレーがどんな気持ちで請求書を書いたのかについて考えていく。自分本位な安易な考えであること，当然であると考えていることについて，自我関与させながら考えていく。よく第1発問を簡単にすませてしまう授業を見るが，ここでの人間理解がとても大切である。ブラッドレーが言っただろう口調で子供たちが話し出せば，この後の考えも深まっていくだろう。

授業の工夫点

・ブラッドレーとお母さんの請求書を対比させた構造的な板書にしていく。

・ブラッドレーが請求書を当然と考えることへの人間理解を大切にする。

・保護者からの手紙で，教材で考えたことと日常生活をつなげていく。

　中心発問では，お母さんの請求書を読んだブラッドレーの気持ちを考えていく。たくさんのことをしてくれているけれど，0ドルであることから様々なことを考えていく。自分よりたくさんのことをしてくれていること，家族を思う気持ちはお金では表せないこと，お金よりも大切なことがあるということを子供たちが感じ取れるよう，教師もともに一人の人として子供たちと向き合い考えたい。ペアやトリオで話す時間を確保することで，個→グループ→全体という流れをつくり，より考えを深めることができる。自分の考えを明確にし，友達の意見を聞くことで，自分の考えをより深めることができる。

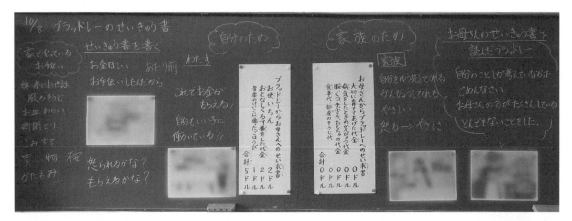

　教材から考えた後は，あらためて家族の一員として何をしているのか問いたい。導入とほぼ同じ問いであるが，導入より手が挙がらなくなる。これは，考えが深まっているからこそである。ここでもたくさん手を挙げる児童には，「それは本当に家族のためになっているかな」などと問うことで，毎日できていないことや，保護者よりできていないことに気づかせたい。「家族の一員としてあまりしていなかった」という余韻を残して，終末につなげたい。

評価の視点
・母の無償の愛情に気づき，自分の行動と結びつけて考えることができたか。 ・家族の一員として，家族のために行動していきたいという意欲が見られたか。

❸終末　保護者からの手紙から感じることを大切にする

　保護者からの手紙は，数か月前から計画的に準備をする。一人でももらえない児童がいては，授業は成立しない。また，保護者に忙しい中で書いていただいていることへの感謝も忘れないようにする。
　教師は，どんなにがんばっても親にはかなわない。無駄な声かけはいらない。感動できるBGMを流し，全員が一斉に読める環境だけつくれれば，声かけはいらない。

STEP4　授業改善への具体的な展望（Action）

　名作教材は，長年使われてきたからこそ，ある程度決まった流れが，児童にとって効果的であることが多い。奇抜な展開ではなく，指導案では見えない児童の心の動きに注目したい。ブラッドレーの自分本位な気持ちは誰にでもあるものだからこそ，肯定しながら意見を引き出せたか，感動できる環境で保護者からの手紙を渡せたか，次の家族愛の授業では，この授業で考えたことを基礎として組み立てていくことができたかを授業の要として，道徳教育をつなげていきたい。

（庄子　寛之）

中学年　D−⑲生命の尊さ

掲載教科書
学図・教出・日文・学研
あかつき

「ひきがえるとろば」の授業モデル

STEP 1　PDCAの流れ

■全体計画・年間指導計画での位置づけ
「ひきがえるとろば」は，本校の年間指導計画では，9月に設定されている。それは，「生命の尊さ」という価値をじっくり考えるには，大自然や野外活動など夏休みの様々な体験を振り返ることを前提とするからである。
■本時で育てたい子供の力
命あるもの全ての大切さに気づき，様々な命を大切にしようとする態度を養う。

■授業の工夫点
授業では，自分たちと年齢の近い登場人物の視点から考えたひきがえるの生命についてだけでなく，多面的・多角的に考えられるように，ろばの視点からひきがえるの生命についてどのように思ったかを話し合うようにした。
板書を工夫して，ひきがえるの生命を視点が異なる立場からどのように捉えているか可視化することで，児童の思考を整理しやすくしている。

■授業の振り返り（よい点）
登場人物の気持ちを考える話し合いを中心に進めてきた道徳授業とは異なり，板書でも多様な視点から考えやすくしていたので話し合いが活性化した。
■授業の振り返り（反省点）
登場人物に対して自分は命を粗末にするような行動はしないなどと評論家的に話す児童がいるので自分事として考えているかどうかを確かめる必要がある。

■振り返りを生かした今後の展望
自分事として考えるための発問を意図的に学習指導過程に組み込む必要がある。そこで，自己の生き方についての考えを深めるとして，夏休みの出来事をじっくりと振り返る時間を設ける。自分や動植物など命あるもの全てについて，命って大事だなと思ったことを振り返り，互いに紹介し合う。また，今後はどのようにしていきたいかを尋ねる過程も組み込んでいく。

STEP2　本時の学習指導案（Plan）

(1)主題名　「いろいろな命」　中学年　D−⒆生命の尊さ

(2)教材名　「ひきがえるとろば」（学研教育みらい）

(3)ねらい　命あるもの全ての大切さに気づき，様々な命を大切にしようとする態度を養う。

(4)展開の大要

	学習活動と主な発問・予想される児童の反応	指導上の留意点
導入	1　学習課題を設定する。 ○これまでどのような動植物を育てましたか。 ・カブトムシやクワガタ。 ・朝顔やヒマワリ。	○経験を振り返りながら，自由に話し合える雰囲気づくりに努める。また，本時は多様な生き物の命について考えることを確認する。
展開	2　教材「ひきがえるとろば」を読んで考え，話し合う。 ○アドルフたちはどんな気持ちで石を投げていたのでしょうか。 ・おもしろいなあ。 ・みにくいひきがえるだからいいだろう。 ○アドルフたちはひきがえるをよけて通り過ぎるろばを見て，何を考えたでしょうか。 ・自分たちはなんてことをしていたのだろう。 ・疲れたろばがひきがえるを助けようとしているのに，ぼくたちははずかしいな。 ○アドルフたちとろばの行動の違いは何でしょう。 　　　　【ろば】　　　　　【アドルフたち】 　┌──────────┐┌──────────┐ 　│ひきがえるの命であっても必││ひきがえるの命を軽く考えて│ 　│死に守ろうとする　　　　　││いた　　　　　　　　　　　│ 　└──────────┘└──────────┘ 3　これまでの自分の生き方を振り返る。 ○アドルフたちのしたことをどう思いますか。 ・同じようにしてしまったことがある。 ・これからは悪い手本として忘れない。	○自分より弱い存在や小さな生き物の命を軽く考えていることに目を向けるようにする。 ○疲れきった体から力をふりしぼり，ひきがえるを守ろうとしたろばの内面を考えることを強調する。アドルフたちの行動と比較しながら考えるようにする。 ○アドルフたちとろばが行ったことを整理して，その違いについて話し合うようにする。 ○どのような命でも，命あるものを大切にすることのすばらしさを考えるようにする。 ○主体的な学びのために，自分はアドルフたちのしたことをどう思うかの視点で話し合うようにして，自分事として考えられるようにする。
終末	4　学んだことを深める。 ○夏休みの出来事を思い出し，今日の学習で心に残ったことを道徳ノートに書きましょう。 ・命あるものは何であっても大切にしたい。	○導入と終末の児童の考えを比較して，児童の新たな気づきを価値づける。

(5)評価　・アドルフたちやろばの行ったことについて考えることを通して，どんな命も大切にしようとする心情をもつことができたか。

〈発言，道徳ノートの記述〉

　　　　・今までの生活を振り返り，多様な命を大切にしようとする思いをもつことができたか。

〈発言，道徳ノートの記述〉

2章　学年別　PDCAを生かした道徳授業＆評価　◆　85

STEP3　指導と評価の実際（Do・Check）

❶導入　道徳的価値に関わる導入を

　自分事として考え，主体的な学びを進めるためには，導入でどのような道徳的価値について学ぶのかを確認することが必要である。ただし，「命を大切にする」といった価値をそのまま表現するのではなく，自分が飼育・栽培した命にはどのようなものがあるかなど，自分事として本時で学ぶ価値を考えるような発問をすることが大切である。

❷展開　登場人物の心情理解から，価値に対する多面的な考え方へ

　これまでの道徳授業は，登場人物に自己投影して，その人物になりきって考えることを中心的な活動としてきた。ストーリーを追いかけて登場人物の心情を考える学習では，多面的・多角的な考え方に気づいたり，こうした思考を主体的に行ったりすることは少ない。

　ろばという動物が命を大切にするために必死になって疲れた体から力をふりしぼる姿から，命とはそうまでしても守っていく価値のあるものだという点に気づくには，ろば側からひきがえるの命について考えてみる視点が必要である。そして，アドルフたちの視点とろばの視点を比較して考えるような指導の流れを設定することで，価値に対する多面的な考え方が話し合いの場に表出される。黒板は時系列で表すのでなく，ひきがえるの命を多面的に見る視点から表すことで児童の考え方や思いを整理することが可能である。

授業の工夫点

・自分自身との関わりで，物事を多面的・多角的に考えさせるために，ストーリー性のある教材について，時系列で登場人物の心情を追いかける指導からの転換を図る。
・ねらいとする道徳的価値について，板書など可視化できる教材・教具を工夫しながら，多面的な考え方について話し合うようにする。

　多様な命について大切にしようとする態度を養うためには，単にろばの心情を想像するだけでは不十分である。そこで，再度アドルフたちの行動について，今度は登場人物の立場からではなく，自分事としてどう思うかという発問が大切になってくる。これが評価の視点にもなる。

　「あなたは，アドルフたちの行ったことについてどう思いますか」「それはなぜですか」という発問によって，これまでは物語の中の出来事だったものが，実際に自分自身の生き方への課題となって戻ってくる。これが，評価の視点としての「主に多面的・多角的な見方への発展を捉えた評価」だけでなく「主に自分自身との関わりでの価値の深まりに関する評価」のポイントとなる部分である。

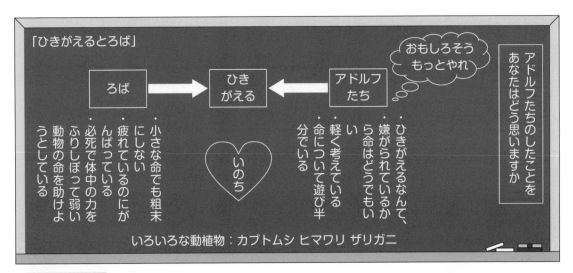

> 評価の視点
> ・アドルフたちの気持ちを考えるだけでなく，ろば側からもひきがえるの命を守ろうとした行動について考えることで，多面的・多角的な見方へと発展してきているか。
> ・アドルフたちの考え方から離れて，自分事として考えた場合に，夏休みの体験なども踏まえながら，自分自身との関わりの中で生命の尊さの価値について深めることができたか。

❸終末　教室環境を教材の一つと考える

　夏休みに様々な自然体験をしてきたことを振り返るために，道徳授業を行う教室の掲示を工夫する。自分たちがどのような自然と関わり，様々な命と関わってきたか確認できるような，イラストや写真，作文などを掲示する。夏休みの課題展示コーナーを活用してもよい。

STEP4　授業改善への具体的な展望（Action）

　多様な命を大切にする態度を養うためには，道徳科の授業だけでは不十分である。夏休みの体験を振り返る活動だけではなく，他教科との連携や地域社会の資料を教材化する必要がある。
　第一に，理科や総合的な学習の時間，遠足や宿泊学習などの学校行事と連携して，児童が多様な命に出会う機会を挙げてみる。児童が1年間のどこで学ぶかを調べ，学校，道徳授業のどの時期に生命の尊さの授業を組み込むか考え，授業改善を図る。第二に，学校近隣の地域に多様な生命を目にする施設や自然環境がないか調査する。こうした場所におけるレンジャー（自然保護官）のボランティアの様子を見学したり，施設の学芸員の話を聞いたりする機会を計画する。

(東風　安生)

中学年　D-(19)生命の尊さ

掲載教科書
学図・教出・日文・学研
あかつき

「ヒキガエルとロバ」の授業モデル

STEP1　PDCAの流れ

■全体計画・年間指導計画での位置づけ
「ヒキガエルとロバ」は，年間指導計画の7月に設定されている。これは，理科の学習で植物や昆虫の飼育・栽培を通じて，生命の尊さについての学びが広がっていることと，夏休みの自然体験を見通しての配置となっている。
■本時で育てたい子供の力
生命の尊さを実感をもって理解し，進んで大切にしようとする態度を育てたい。

■授業の工夫点
多面的・多角的に考えるために，本時においてはヒキガエルをいじめるという出来事を，アドルフの考えの変化から捉えるようにする。
教材を通した話し合い活動で時間を十分にとり，学習感想を書かせる。それにより，学習したことを子供なりに広く捉え，自分に生かすことができるようにする。

■授業の振り返り（よい点）
中心的な発問において，子供たちは「いじめられる」「いじめる」の，それぞれの立場に立ちながら，命の危機の恐ろしさや，一方的にいじめられる怖さについて，広く考えることができた。また，ロバの姿から内省したり，小さく息をするヒキガエルを見てあらためて生命の尊さを考えたりと，道徳的価値を自分との関わりで理解することができた。

■振り返りを生かした今後の展望
視点を変えて，多面的・多角的に物事を考察することで，子供の考えが生きる話し合いになった。この思考を生かして，次回以降では学級を複数に分割して話し合ったり，グループで立場を明らかにしながら話し合ったりと，一層多面的・多角的思考を促すようにしたい。

STEP2　本時の学習指導案（Plan）

(1)主題名　「小さな生命でも」　中学年　D−⑲生命の尊さ
(2)教材名　「ヒキガエルとロバ」（「わたしたちの道徳」文部科学省）
(3)ねらい　生命の尊さを実感をもって理解し，進んで大切にしようとする態度を育てる。
(4)展開の大要

	学習活動と主な発問・予想される児童の反応	指導上の留意点
導入	1　学習への視点を定める。 ○自分は命を大切にしていると思いますか。 ・わからない。考えたことがない。 ・命を大切にするとはどんなことなのだろう。	○児童の問題意識を高め，学習問題を設定する。
展開	2　教材「ヒキガエルとロバ」を読み，話し合う。 ○ヒキガエルに石を投げるアドルフは，どんなことを考えていたのでしょうか。（①） ・気持ち悪い生き物だからいいんだ。 ・もっと痛めつけたい。 ・殺してもかまわない。 ◎ヒキガエルを助けるために全力を出すロバを，アドルフはどんな思いで見ていたのでしょうか。（②） ・ヒキガエルも生きているんだ。 ・自分ができることを精一杯やっていた。 ・同じ命をもっている仲間なんだ。 ○小さく息をするヒキガエルを見て，アドルフは何を思ったのでしょうか。（③） ・自分はひどいことをしていた。 ・ロバに教えられて，はずかしい。 ・これからは，小さい命も大切にしよう。 3　自己をさらに深く見つめて考える。 ○これまでに，自分以外の命の大切さを感じたことはありますか。その時どのようなことを考えましたか。（④） ・お母さんが病気になった時，とても心配したので，命は大切だと思う。	○他者の命を大切にできない時の感じ方・考え方にふれ，人間理解を深める。 ○他者の命を大切にする時の感じ方・考え方を多様に表し，価値理解を深める。 〈話し合い活動〉 ○他者の命を大切にすることのすばらしさについて，自分の考えを広げる。 ○他者の命を大切にすることについて，一層自己を見つめて考えを深める。 ○グループで話し合う。
終末	4　学習のまとめをする。 ○学習感想を書きましょう。	○本時の学びを広く捉える。 〈道徳ノート〉

(5)評価　生命の大切さを自分との関わりで理解したり，多面的・多角的に捉えて考えを深めたりすることができたか。
　　　　生命を尊重することについて，多面的・多角的な視点をもって，自己の生き方についての考えを深めることができたか。

2章　学年別　PDCAを生かした道徳授業＆評価　◆　89

STEP3　指導と評価の実際（Do・Check）

❶導入　問題意識を高める

　はじめに，「自分は命を大切にしていると思いますか」と投げかける。これはねらいとする道徳的価値に関して自分を見つめて考えさせることで，問題意識を高めることを意図している。ここではあえて「自分の命」か「他者の命」かは分けて聞かない。授業の後半で「他者の命」に視点をあてて考えることで，「命を大切にする，というのは，自分だけでなく他の人や動植物の命も大切にすることなのか」と，子供の考えを広げるようにする。

❷展開　複数の立ち位置から考える

　教材に関する発問で，意図する子供の思考を抽出すると，右のようになる。子供がどのような思考をするのか，予想を立てながら授業を行いたい。例えば，授業の前半では生命に関する，好ましくない発言が続くことが予想される。時に子供は命を残酷に扱うこともあるが，やってしまって「かわいそうなことをしたな」と反省して，少しずつ生命の大切さ

> ①ヒキガエルをいじめる
> 　→命を大切にしない自分
> ②ロバの姿を見る
> 　→命を大切にする様子を見た自分
> 　　内省する自分
> ③小さく息をするヒキガエルを見る
> 　→命の大切さを見た自分

を学んでいくのである。子供がありのままの自分を語る姿勢を大切にしたい。それにより，「教師が望ましいと感じることだけを，子供が発言する」授業から脱却できるだろう。

授業の工夫点

　全力でヒキガエルを助けるロバを見るアドルフへの自我関与が，本時の中心的な思考になる。ここでは，「生命を大切にするためにここまでするのか」「もし自分がされたらどうだったのか」など，生命を大切にできなかった発問①から，思考を多面的・多角的に広げていくことが重要である。発問①で人間理解を深めるほどに，その広がりも効果的になる。

　一方，人間理解に関する思考は，子供がふざけたり，人間理解に傾きすぎたりすることもあるので，バランスをとることに注意が必要である。

　教師が多面的・多角的に考えさせようと意図しながら話し合い活動を行うことで，「『自分だったら』と考えると，見方が変わるんだね」などと，学び方を子供に示すことができる。一方，実際に授業をすると，教師の意図と子供の思考が異なっていることもある。

　その際は教師の解釈を引きずらずに，素直に子供の思考に合わせる余裕ももちたい。

　なお，本時はアドルフへの自我関与を中心としたが，ヒキガエルやロバなど，動物への自我関与をすることも，授業の展開として考えられる。

評価の視点

　評価は，話し合い活動と道徳ノートの二つで行う。

　話し合い活動では，継続的に評価するために，特に留意して見たり，意図的指名をしたりする子供を6人程度決める。どの子供を特に見るかは週ごとにローテーションで変え，数週間かけて学級全員の話し合い活動を記録する。評価を継続するために，話し合いの記録には道徳用の名簿を作成し授業後すぐに教師が気づいたことを記録するようにする。

　道徳ノートは，1冊のノートに自己の生き方や価値観に関わる考えの記述を蓄積することで，道徳科の学びの履歴を子供が確認できるようにして，主体的な学びにつなげる。

❸終末　学習感想の視点を与える

　学習感想を書く際には，どのような視点で書くかを示すことと，書く時間を確保することが効果的である。本時では右のような視点を与えて書いた。フラッシュカードを作成して，学習感想のたびに示している。また，書く時間を確保するには，必要な時間をもとに逆算して授業を進めていくとやりやすい。「何時何分までにこの発問をする」と分刻みで授業の進め方をメモしておくとよい。

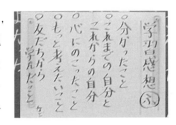

STEP4　授業改善への具体的な展望（Action）

　本時では，多面的・多角的な思考の楽しさやよさを，子供と共有することができた。本時をきっかけに，道徳科だけでなく様々な教科などで，多面的・多角的な思考を促し，子供の道徳性を育みたい。これからは，自分とは違う立場の考えにふれる機会も設定したい。一方，話し合いの時間があまり確保できなかったという反省点もある。授業の核心で十分に時間をとるために，発問に軽重をつけていきたい。その際は，教師の都合でなく，子供の意識を大切にすることが必要である。

Sᴛᴇᴘ5　PDCA を生かした次の時間の授業

「ヒキガエルとロバ」の成果であった「多面的・多角的な思考」をさらに広げるために，次時の「祭りだいこ」では，中心的な発問での思考を類別整理し，その後にもう一度，「自分はどの考えに近いのか」を問うた。中心的な発問を二段階で構成しているということである。考えは類別して色チョークで分け，考えの違いが浮き彫りになるようにした。

また，課題であった時間配分を解決するために，発問は精選して，子供と教師でじっくりと話し合うようにした。

【次時の学習指導案】
(1)教材名　「祭りだいこ」（文溪堂）　C −⒄伝統と文化の尊重，国や郷土を愛する態度
(2)ねらい　郷土や郷土の伝統と文化に親しみ，大切にしようとする判断力を育てる。
(3)展開の大要

	学習活動と主な発問・予想される児童の反応	指導上の留意点
導入	1　主題に対しての意識を高める。 ○身近な地域のお祭りに行ったことはありますか。	○教材への関心・意欲を高める。
展開	2　教材を読んで話し合う。 ○教材を読んで，心に残ったことは何ですか。 ・祭りをつなげていくことは大切なんだ。 （私たちは）町の行事に，どのように関わりたいのだろう ○良子はなぜ，お囃子の練習を続けたのでしょうか。 ・地域の祭りを続けたい。（伝統） ・父も応援してくれる。（家族） ・町のみんなを楽しませたい。（人々） ・この町が好きだから。（郷土） ◎（類別した考えを基に）自分が良子なら，何色の考えが一番強いですか。その理由は何ですか。 ・伝統を大切にしたい。自分がやらなかったらなくなってしまうから。 ・家族のためにがんばりたい。 ○自分がこの町に住んでよかったと思うことはどんなことですか。 ・みんなやさしい。 ・便利だから好き。	○教材への問題意識から，学習問題を設定する。 ○伝統的なお祭りを続けようとする大本の思いや願いについて考える。 ○子供の考えを類別して色チョークで整理する。 ○郷土に対する愛着を，自分の価値観に照らし合わせて考えることで，道徳的価値の理解を基に，自己を見つめて考える。 ○自分の郷土に視点をあてて，どんなことに愛着をもっているのか，自己の生き方についての考えを深める。
終末	3　学習のまとめをする（教師の説話を聞く）。	○実践や発展への意欲をあたためる。

多面的・多角的な思考を重視する場合は，学習指導過程で示しているように，どのような発言が出るのか，教師が類別して予想しておくとよい。それにより，子供の発言を余裕をもって受け止め，効果的に返し，話し合いを充実させることができる。また，予想していない発言があっても，子供の発想の豊かさを楽しみながら，やりとりができる。

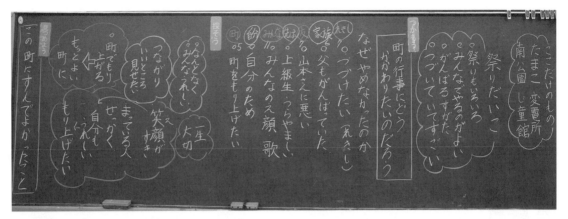

【保護者と関わって学びをさらに広げる】

　多面的・多角的な思考をさらに広げるために，2学期に，保護者との関わりを密にした授業を行った。教材は「ブラッドレーのせい求書」で，授業参観で授業実践を行った。教材を活用して話し合った後，「家族の思いを感じたこと」「自分の家族への思い」をワークシートに記入した。二つのことを書くので，時間は10分確保した。

　その上で，終末に「道徳の宿題」を出すこと伝えた。宿題はワークシートの裏に，保護者に子供への思いを書いてもらうことである。保護者に書いてもらう内容は，「わたしたちの道徳」を参考に作成した。B4のワークシートの表には子供の家族への思い，裏には家族の子供への思いが表されることになる。家族のそれぞれの思いを，多面的・多角的に捉えて考えるという意図で行った。

　保護者の自分への思いを知ることは，普段ではあまりないことであり，子供はとても喜んでいた。また，教師も保護者の子供への思いを知ることができ，児童理解や保護者との関わりに生かすことができた。

【ワークシート例】

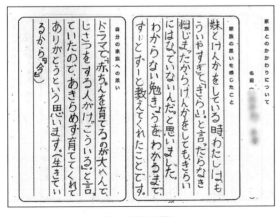

表：子供の思い

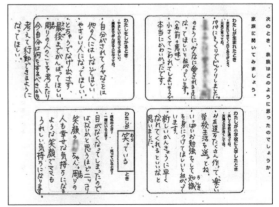

裏：保護者より

（野村　宏行）

高学年　A−(1)善悪の判断，自律，自由と責任

掲載教科書
学図・教出・光村・日文
光文・学研・あかつき

「うばわれた自由」の授業モデル

STEP 1　PDCA の流れ

■本時で育てたい子供の力
授業の導入では「『自由』とは，誰にも縛られずに，自分の好きなことを好きなようにできること」と考えている児童が，教材による話し合いを経て，「『自由』とは自分勝手にふるまってよいということではなく，周りの人のことを考えることが大切だ。正しい『自由』で生活していきたい」と，道徳的価値に対する考えを深めていくことができるような授業を目指した。

■授業の工夫点
授業展開では，「主体的・対話的で深い学び」となるように「学習問題をつくる」「学習問題を追求する」場を重視した。その際，道徳性を養う深い学びを目指し，「価値理解・価値の自覚のための発問」「自分との関わりの中で価値についての考えを深めるための発問」という二段階の発問構成で小グループや全体での話し合いの場を取り入れた授業づくりを実践した。

■授業の振り返り（よい点）
教材による話し合いを経て，児童の道徳的価値に対する考えの深まりが見られた。また，自分との関わりで話し合う児童の姿が見られた。
■授業の振り返り（反省点）
「自由」の意味やその大切さについては考えを深めることができたものの，自由に伴う責任の大きさについて考えを深める点は不十分だった。

■振り返りを生かした今後の展望
「学習問題をつくる」「学習問題を追求する」場を重視すること，二段階の発問構成で話し合いの場を取り入れた授業づくりを目指したことは，児童の「主体的・対話的で深い学び」を実現する上で効果的であった。このような授業を構成していく中で，児童の視点に立った深い教材研究の重要性をあらためて感じている。明確な意図をもった授業づくりを今後も目指していきたい。

STEP2 本時の学習指導案（Plan）

(1)主題名 「自由とは」 高学年 Ａ－(1)善悪の判断，自律，自由と責任
(2)教材名 「うばわれた自由」（光村図書）
(3)ねらい ジェラール王子とガリューの考える「自由」について比較しながら話し合うことを通して，自由な考えや行動の意味を理解し，自律的で責任ある行動をしようとする気持ちを高める。
(4)展開の大要

	学習活動と主な発問・予想される児童の反応	指導上の留意点
導入	1 「自由」のイメージを出し合う。	○自分たちの生活から想起させることによって，ねらいとする価値への関心が高まるように，「自由」という言葉からイメージすることを発表し合う場を設定する。
展開	2 教材「うばわれた自由」を読み，「自由」について話し合う。 ○ジェラール王子とガリューの考える「自由」の違いは何ですか。 ・2人の考えている「自由」は違うものだ。 ・ジェラール王子は自分のことしか考えていない。 ・ジェラール王子のはただの自分勝手。 ・ガリューはきまりの大切さもわかっている。 ・ガリューはみんなのことを考えている。 ・ガリューは「本当の自由」をわかっている。 ○ガリューの言う「本当の自由」とは何でしょう。 ・みんなが幸せなこと。 ・ある程度のきまりがあって，その上での自由。 ○2人の違いからどんなことが学べますか。 ・自由と自分勝手，わがままは違う。 ・自由といってもやりたい放題ではいけない。 ・間違った自由は信頼を失ってしまう。 ・正しい自由で生活していきたい。	○児童が話し合いの核を生み出すことができるように，気になる場面について感想を語らせながら，児童の発言を学習問題につなげ，話し合いの方向を定めていく。 ○2人の違いについて客観的に見て話し合うことで，価値に対する理解を深めていく。その際，小グループによる話し合いの場を取り入れることで，多様な考えにふれることができるようにする。 ○2人の違いについて話し合い考えたことを自分の学びとする場を設定することで，自分を律し，責任をもって行動することについて自分との関わりの中で考えを深めていくことができるようにする。
終末	3 今日の学習を通して考えたことを書く。	○本時の学習を通して考えたことを書く活動を設定し，価値に対する自分の思いの変容や日常の自分を見つめることができるようにする。

(5)評価 「自由」とは自分勝手にふるまってよいということではなく，周りの人のことを考えることが大切であることに気づき，これからの生活の中で自分を律し，責任をもって行動しようと考えているか。

2章 学年別 PDCA を生かした道徳授業&評価 ◆ 95

STEP3 指導と評価の実際（Do・Check）

❶導入　展開や終末に生かせる導入を

「自由」という言葉からイメージすることを発表し合う場を設定する。「好きな時に好きにできる」「嫌なことから解放される」といった児童の言葉を板書していく。ねらいとする道徳的価値に対する児童の考えが，教材での話し合いを経て深まっていくような授業を目指したい。

❷展開　児童の問題意識を大切にした学習活動を

教材を読んで気になったことや考えてみたいことなどを語り合う中で本時の学習課題をつくっていく。本教材では，ジェラール王子とガリューの考える「自由」が違うという場面が心ひかれる場面であるだろう。児童の発言を学習問題につなげ，話し合いの方向性を定めていく。

> **授業の工夫点**
>
> 授業の中で小グループや全体での話し合いを取り入れることで，多面的・多角的な考えを基に話し合い，道徳的価値の理解を深める児童の姿が見られる。児童が主体的に話し合いに臨み対話を通して考えを深めて自らの価値観をつくっていく姿が大切なのだと考える。

展開の第1発問，第2発問は「価値理解・価値の自覚のための発問」である（第2発問は補助的な発問）。第1発問は，児童が考えた学習問題（「ジェラール王子とガリューの考える『自由』の違いは？」）である。「ジェラール王子は自分のことしか考えていない」「ガリューはみんなのことを考えている」「ガリューは『本当の自由』をわかっている」など，児童は客観的な視点で，ジェラール王子とガリューの考える「自由」について比較しながら話し合っていく。その話し合いを経て，第2発問として「ガリューの言う『本当の自由』って？」と問い返していく。「みんなが幸せなこと」「ある程度のきまりがあって，その上での自由」……板書の中で，ジェラール王子は「自分」を，ガリューは「みんな」をキーワードとして強調していくのもよいだろう。　展開の第3発問は「自分との関わりの中で価値についての考えを深めるための発問」である。「2人の違いからどんなことが学べますか」と問う。第2発問での話し合いの中で，「最初に私たちが言っていたのは本当の自由じゃないのかな」といった疑問をもつ児童が出てくるだろう。「自由だよ」「本当の自由じゃなくてジェラール王子みたいに自分のことしか考えていない自由なんじゃないかな」国語辞典をひいて「自由とは『考えや行いが他から縛られないこと。思いのままにすること』だ」と話す児童もいるだろう。「ジェラール王子の自由が本当の自由？　なんかわからなくなってきた」という発言が出たあたりで教室がシーンとなる。このシーンとなる瞬間が，児童がさらに考えを深めていくきっかけとなる。少しずつつぶやきが広がり，近くの児童同士で話し始めたところで，小グループでの話し合いの時間を設定

する。児童は，「はじめに話していた自由も捨てがたい。でも，そこにみんなのことを考える，みんなが幸せになるというのをプラスすると本当の自由になると思う」と考えを深めていく。児童はじっくりと教材にひたりながら，話し合いを経て，「自由と責任」についてより深く考えることができるだろう。

> **評価の視点**
> 発言や道徳ノートへの記述から「『自由』とは自分勝手にふるまってよいということではなく，周りの人のことを考えることが大切であることに気づき《第1発問・第2発問による話し合い》，自分を律し，責任をもって行動しようと考えているか。《第3発問による話し合い》」を評価する。「ねらい→発問→評価」という視点から指導と評価の一体化を図っていく。

❸終末　価値に対する自分の思いの変容や日常の自分を見つめる時間を大切に

「話し合いを終えて」として，本時の学習を通して考えたことを書く活動を設定し，価値に対する自分の思いの変容や日常の自分を見つめることができるようにする。

STEP4　授業改善への具体的な展望（Action）

人は自ら問題意識をもった時に，どうしたらよいかと思考を巡らし，自分事として解決していこうとする。道徳科の授業においても，授業の主題を児童の問題と捉え，児童の問題意識を生かした授業づくりをしていきたいと考え，実践に取り組んできた。授業展開の中で特に意識していきたいのは，「学習問題をつくる」「学習問題を追求する」場である。道徳性を養う深い学びを目指し，二段階の発問構成での授業づくりを実践してきた。授業を構想していく際，教師の考える主題が児童の問題と重ならなければ，児童にとっての問題解決的な学習とはならない。教師からの価値の押しつけにもなりかねない。深い教材研究が大きな鍵となってくる。今後も，児童の視点に立った教材研究を重視して実践に取り組んでいきたい。　　　（堀井　綾子）

高学年　A−(2)正直，誠実

掲載教科書
東書・学図・教出・光村
日文・光文・学研・あかつき

「手品師」の授業モデル

STEP 1　PDCA の流れ

■全体計画・年間指導計画での位置づけ
「手品師」は，「誠実」という普段なじみの少ないテーマであるため，前段階として「正直」とか「明るく生きる」などについての学習経験を積んでおくと深まりが期待できる。そのような単元構想も必要である。
■本時で育てたい子供の力
自分の心にまっすぐ向き合い，堂々と生きる力を身につけさせたい。

■授業の工夫点
授業では，男の子との約束を守る・守らないという表面的な世界ではなく，「迷いに迷った手品師」の気持ちを考えさせる。そこから，誠実な生き方というのは，決められたことを滞りなくこなすことではなく，その場の状況をきちんと見つめ，自らに問い直し，誠心誠意心をつくして対応することだということに気づかせるための発問の工夫をする。

■授業の振り返り（よい点）
大劇場に行くことにも誠実性があることをおさえたため，子供たちは結末に引きずられることなく，誠実な心について考えることができた。
■授業の振り返り（反省点）
結果的には男の子の方へ行くという行動に目がいってしまう子供がいたので，さらに深く問いかける発問があってもよかったのではないか。

■振り返りを生かした今後の展望
本授業は6年生の10月に行った授業である。今後，あらためて別教材で「正直，誠実」について授業する際は，「〇〇できなければ誠実ではないのか」という観点で発問を練りたい。子供の授業感想には，「自分の心に嘘をつかず生きていきたい」と書かれていたものもあり，ねらいに迫ることができた。日々の生活でも声かけをし，子供の成長を励ましたい。

STEP2　本時の学習指導案（Plan）

(1)主題名　「自分の心に向き合う」　高学年　Ａ－(2)正直，誠実
(2)教材名　「手品師」（文溪堂）
(3)ねらい　誠実な生き方がより明るい心となって生活に表れるよさについて考える。
(4)展開の大要

	学習活動と主な発問・予想される児童の反応	指導上の留意点
導入	1　誠実について考える。 ○誠実な人とはどんな人ですか。 ・真面目な人。 ・約束を守る人。	○誠実について多面的視点から意見を引き出す。
展開	2　教材「手品師」を読み，話し合う。 ○手品師は誠実な人ですか。 【誠実だ】 ・男の子との約束を守ったから。 ・男の子の気持ちを大切にしたから。 【誠実ではない】 ・友人の好意を無にしているから。 ・大劇場のステージで手品を披露する夢を叶えなかったから。 ○迷いに迷った手品師についてどう思いますか。 ・男の子との約束と夢の実現との間で真剣に悩む姿も誠実だ。 ・どうして手品師は即答できなかったのか。 ○今後，手品師はどのような人生を送ると思いますか。 ・必ず夢を叶える。 ・一人のお客さんを大切にする手品師になる。	○導入で出された意見を基に話し合う。子供を「誠実だ」「誠実ではない」の二つの立場に立たせ，その理由を引き出し議論させる。 ○迷いに迷っている手品師の考えていることや気持ちを想像させた上で発問をする。 　その際，迷わずに決断した手品師と，迷いに迷って決断した手品師の比較をし，どちらに誠実さを感じるかを考えさせる。 ○大劇場に行き，後から男の子に謝るというような方法論が出た場合，そういうことをせずに決断した手品師をどう思うかについて考えるよう，投げかける。 ○手品師の生き方が明るい心となって生活に表れるよさに着目させる。
終末	3　誠実について新しく気づいたことを話し合う。 ○誠実な人とはどんな人ですか。 ・真剣に悩みぬいて決断を下す人。 ・相手を大切にできる人。	○導入と終末の子供の考えを比較して，子供の新たな気づきを価値づける。

(5)評価　手品師の誠実さに感動し，自分もよき心にきちんと向き合ってよりよい人間関係を結んでいこうという意識・意欲を高めることができたか。

STEP3　指導と評価の実際（Do・Check）

❶導入　展開や終末に生かせる導入を

　「誠実な人とはどんな人ですか」と子供に投げかける。「真面目な人」「約束を守る人」「思いやりのある人」など子供から出された意見は一つ一つ丁寧に板書する。板書した内容は，教材範読後の発問「手品師は誠実な人ですか」を考える基準になる。もしも，あまり子供から意見が出されない場合，「誠実」という言葉を日常生活の中で聞いた経験や自分自身が使った経験を想起させてから，あらためて考えさせることも可能である。

❷展開　「はじめから答えありき」を覆す

　道徳の場合，特にそうだと思うのだが，どうしても最後に書いてあることをゴール・正解と思いがちである。本教材の場合，男の子の方へ行った手品師が正しくて，大劇場へ行ったとしたらとんでもない人間のような捉えができあがっている。それでは議論が盛り上がるわけがない。だから，早々にその「出来レース」を崩してやる。要するに，大劇場へ行くということにも意味があることをおさえ，一旦フラットな状態に戻してあげるのである。

> ┌─ 授業の工夫点 ─
>
> 【「はじめから答えありき」を覆す方法】
> ・手品師の夢は大劇場で華々しく手品をすることだから，本心に正直にしたがうとしたら，大劇場へ行く方が誠実な生き方ですよね。
> ・みなさんだったらどちらに行きますか。大劇場が気になりますね。だとしたら，手品師だって大劇場を選ぶのは当然なのではないですか。

　このように，どちらにも理があると捉え直しをして，その上でどちらが誠実かを問うのである。両天秤にのせて考えさせる場合，その二者は同等の要素をもっていなければ意味がない。

　展開の二つ目の発問は「迷いに迷った手品師についてどう思いますか」である。大劇場と男の子という二者択一の選択肢に，第三の刺客を投入するのである。それこそが，「迷いに迷った手品師」である。つまり，①何も迷わずに男の子の方へ行った手品師，②二つ返事で大劇場を選んだ手品師，そして，③迷いに迷って男の子を選んだ手品師，さあ，どれが一番誠実な人だといえるか。このように子供たちに問うと，ほとんどは①と③に分かれる。

　ここで，我々も考えておかなければならないことがある。道徳的に正しいと思われることを，何のためらいもなくすぐにできる人間と，ためらったり失敗したりしながらなんとかやろうとする人間とでは，どちらをよしとするだろうか。最終ゴールは①なのかもしれない。しかし，全てのことをそのようにできる人間がいたとしたら，その人はもはや人間ではないのではない

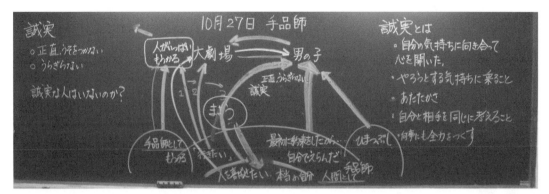

だろうか。我々人間は，人間だから思い悩み，試行錯誤をくり返しながらも，よりよく生きようとする存在だと捉えたい。

評価の視点

【結果「できたかどうか」ではなく，過程「どのようにしようとしたか」を見取る】
・道徳の評価は行動評価ではなく，態度評価でありたい。つまり，結果を出したから価値があり，出せなかったから価値がないという評価基準はなじまない。その発想で本教材を読まないと，結果に引きずられる出来レースとなってしまう。

本時では，一人の女子が黒板の前に出て，「この手品師はここで自分の思い込みの殻をやぶって，人間として本当に自分がしたいのは何かを自問自答した。これこそが誠実だと思う」と発言した。この発言により，本時の学習が大きく動いた。

❸終末　すがすがしい気分になるおさえを

この手品師はたった一人の男の子を大劇場と同等に考えている。その誠実な向き合い方をおさえた上で，次のように聞いてみた。「みなさんは①と②と③の，どの手品師の手品が見たいですか」と。予想どおり，③の手品師の手品が見たいという子供がほとんどであった。そして，「この手品師は，いつか自分にしかできない手品を携えて，大劇場に立ち，成功するだろう」という感想を述べた。

STEP4　授業改善への具体的な展望（Action）

結果に引きずられない授業展開を考えたつもりであったが，やはり男の子の方へ行く手品師だからこそ魅力を感じるのも事実である。無理矢理，大劇場を正当化させるのも嫌らしい気がする。そんな時，大劇場ではなく別の選択肢，例えば大劇場のかわりに子供たちが所属しているスポーツチームの大きな大会，男の子のかわりに大けがをした友人の見舞い，などに置き換えて考えさせたらどうであろうか。機会があったら試みてみたい。

（加藤　宣行）

高学年　B−(11)相互理解，寛容

掲載教科書
学図・教出・光村・日文
光文・学研・あかつき

「ブランコ乗りとピエロ」の授業モデル

STEP 1　PDCAの流れ

■全体計画・年間指導計画での位置づけ
「ブランコ乗りとピエロ」の掲載学年は，教科書各社により異なっている。様々な意見の対立を体験してきた6年生の後半が望ましいが，5年生の場合，最高学年に向けて自らを振り返ることができる時期に扱いたい。
■本時で育てたい子供の力
自他の考えや意見，その双方を大切にしていこうとする心情を育てたい。

■授業の工夫点
まず，「ピエロ」と「サム」そのどちらにも「自分が正しい」という思いがあったことを確かめさせた。次に，その両者がともに相手の思いや考えを受け入れるようになった理由を考え「3人組」で伝え合う時間をとった。その上で，最後に，「2人がともに気づいたこと」を各自がじっくり考える時間をとり，価値への理解を深めさせた。

■授業の振り返り（よい点）
「自分は正しい」「自分だけが正しい」自分はどちらだったのか。視点を明確に与えることで，対立場面での自分を振り返りやすくすることができた。
■授業の振り返り（反省点）
道徳の学習を行った日は，毎日提出の日記の中に，本時の感想を書くこともすすめてきた。結果，日記で本時にふれた子供は約75%。このことから，子供たちによる「本時の評価」は75点。100点を目指したい。

■振り返りを生かした今後の展望
本授業は，6年生の11月に行った。卒業文集の執筆も間近に迫った時期。「対立から和解へ」を主題に思い出を綴ることをすすめてもよかったと思う。次に，卒業生を送り出す時には，部活動内での対立なども見すえた上で「折り合いをつける」という言葉の意味も語り伝えたいと思う。

Sᴛᴇᴘ2　本時の学習指導案（Plan）

(1)主題名　「謙虚な心」　高学年　B−(11)相互理解，寛容
(2)教材名　「ブランコ乗りとピエロ」（学研教育みらい）
(3)ねらい　「自分だけが正しい」と思わずに，相手の思いや考えを理解し，尊重していくことの大切さがわかり，謙虚な心で接していこうとする心情を育てる。
(4)展開の大要

	学習活動と主な発問・予想される児童の反応	指導上の留意点
導入	1　意見が対立した場面を想起する。 〇「自分は正しい」これは悪いことなのでしょうか。 ・悪くない。こちらにも言い分がある。 ・「それはダメだ」と決めつける相手が悪い。	〇事前に「自分は正しい／向こうが悪い」という対立体験（仲間や家族との）について具体的な場面を想起させたり，日記などに書かせておいたりする。
展開	2　ピエロとサムの心中について話し合う。 〇「自分は正しい」と思っている2人には，どんな言い分（理由）があったのでしょうか。（①） 【ピエロ】一人だけ目立つな。ルールは守れ。 【サム】自分がスターだ。大王も喜んでいる。 〇ピエロがサムを認めたのは，なぜでしょうか。（②） ・演技への情熱，必死の努力がわかった。 ・「目立ちたい」という思いは自分も同じ。 〇ピエロの言葉からサムが考えたことは何でしょうか。（③） ・サーカス全体のこともを考えなくては。 ・自分もピエロの考えを理解しなくては。 〇「2人がともに気づいたこと」とは何でしょうか。（④） ・お互いにお客さんやサーカス団員など，いろいろな人のことを考えているのだ。 ・自分も相手の考えを理解しなくては。 ・自分「だけ」が正しい。これを捨てると，相手のよさがわかるようになる。	〇教材全文は，「前日の宿題」として読ませておく。本時では，まず教材前半（ピエロの演技の場面まで）を範読した後，発問①についての考えを全体で伝え合わせる。 〇2人の言い分を確かめた後，「2人がともに気づいたことは何か」という視点をもって教材後半を範読する。 〇発問②③では，発言の前に「3人組による伝え合い」の時間をもたせる。より多くの子供がより多くの言葉を発する中で，より多くの気づきを得られるようにする。 〇発問④では，「自分たちと同じように，自分は正しいと思っていた2人がともに気づいたことは」と問うことで，2人の気づきを自分の学びへと近づけさせたい。
終末	3　「自分は正しい」と思っていた自分を見つめ直す。 〇自分「だけ」が正しい，ではなかったでしょうか。 ・学級会で〇〇さんの意見に対して……。 ・委員会の活動をしている時に……。	〇導入で想起していた具体的な対立場面に立ち戻り，自分本位な見方で相手の思いや考えを否定してはいなかったかを，見つめ直させる。（伝えきれなかった今の思いは，日記に書いてくることをすすめる）

(5)評価　「自分は正しい」と「自分だけが正しい」の違いを考えることを通して、謙虚な心の大切さに気づき、広い心で相手の意見や立場を尊重することの大切さについて考えていたか。

2章　学年別　PDCA を生かした道徳授業&評価　◆　103

STEP3　指導と評価の実際（Do・Check）

❶事前　「本時の予告」と「宿題」というチャレンジ

　「自分は正しい／向こうが悪い」今までに抱いた対立感情をどれだけ掘り起こしておくことができるか。本時の指導と評価の質は、その深さで決まる。そこで、来週の道徳（本時）の予告として、「意見の違いから、『ああ、もうこの人とは無理』と思ったこと」というテーマを投げかけ、体験を想起させておく。できれば、日記などに書かせ、実態を把握しておく。また、教科書が手元にあるのだから、前日には、「宿題」として教材文を読ませておいたり、「サム」と「ピエロ」、それぞれの言い分を書き出させておいたりしてもいい。

❷導入　「本時の学習のゴール」を見すえさせる

　「自分は正しい」という信念をもち、情熱を注いでいくことは、決して悪いことではない。
　それを認めた上で、「今日の学習の最後は、『自分は正しい／向こうが悪い』と思っていた自分を見つめ直してみることにしよう」と、ゴールを伝えておく。導入はそれだけでいい。

❸展開　「他面」を見つめ直す―3人組による伝え合い（発問②③）

　舞台へと向かう通路で、ピエロはサムの「他面」を見る。それが、控室でのピエロの語りへとつながる。そのピエロの横顔をにらみつけていたサムは、その時、ピエロの「他面」を見る。結果、サムは、うつむきながら、ピエロの言葉を聞き終えることとなる。「他面」を見ることによって、2人の視線は自分へと向いた。これが、本教材の「学びのエッセンス」である。

　そこで、サムとピエロと同じように「他面」を見ることで学びを深めさせたいと考え、本時では3人組による伝え合いを試みた。その学習形態の一部（黒板側の4グループ）を示したものが右図である。座席が接近していても、グループ相互の声はあまり干渉し合うことがない。また、3人とした意図は、欠席者がいた場合への配慮でもある。

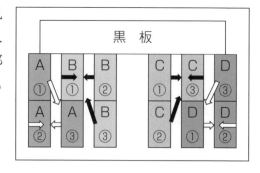

❹価値の理解を深める―「『2人がともに気づいたこと』とは何でしょうか」（発問④）

　発問④は、一人でじっくりと考えさせ発言を促す。他面からの学びを自分へと向かわせる。
　「どっちも、自分にできることをがんばっていたっていうことに気づいたんだと思う」
　「自分だけが目立ちたいという気持ちではダメだっていうことに気づいたんだと思う」
　「『自分はスターだ』はいいけど『自分だけがスターだ』はダメ。それに気づいたと思う」

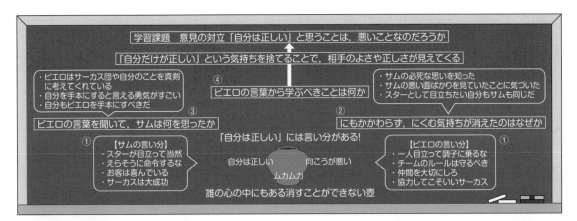

> 評価の視点
>
> 「自分は正しい」と「自分だけが正しい」の違いをヒントに，相手の意見や立場を尊重することの大切さを理解することができたか。

❺終末　多角的に自分を見つめ直し始めた子供を評価する

以下は，終末での語り合いの一部である。

> A児：長縄の練習の時に，「がんばるぞ〜」と言うか言わないかでもめて，Bさんが「言いたくない」と言い出した時に，言い合いになってしまったんだけど，あの時，「自分だけが正しい」と思わずに，Bさんの気持ちを考えればよかったなと思う。
>
> 教師：Bさんは，その時のことを今どう思う？
>
> B児：自分としては，言うか言わないかということよりも，他の人も言っていなかったのに，「なんで私にだけ言うの」という気持ちが強くて，でも，今思うと，Aさんも私のことを考えてくれていたわけだから，その気持ちを考えたら，長縄の練習の場所から離れた私が悪かったなって，間違っていたのかもしれない。

STEP4　授業改善への具体的な展望（Action）

　A児とB児，それに続いて発言をした一人一人に高い評価を与えたい。今後の課題は，より多くの子供たちを「自分を語らずにはいられない」という心境へと誘うことだろう。そのために必要なことは，「3人組による伝え合い」という学習形態を考え直したり，「より質の高い意見の対立を体験させておくためには？」を問い直したりすることである。言い換えれば，「学級への日々のお手入れ」を見つめ直し続ける，ということだと思う。

（永井　裕）

高学年　C—⒃よりよい学校生活，集団生活の充実　　　　　掲載教科書
光村

「六年生の責任って？」の授業モデル

STEP1　PDCAの流れ

■全体計画・年間指導計画での位置づけ
「六年生の責任って？」は６月に実施した。６年生になって２か月経ち，様々な場面でリーダーとしての役割を担っている児童が，あらためて「よりよい学校生活，集団生活の充実」という価値を見直す機会にしたいと考えた。
■本時で育てたい子供の力
６年生として，よりよい学校の伝統を築きたいという気持ちを育てたい。

■授業の工夫点
本授業では，「ぼく」「山本さん」「横山さん」の３人が発言した内容を確認し，自分はどれに賛成するかを決めさせた。その上で，教材文で展開されている学級会の続きを児童に行わせた。それによって，６年生に求められる責任を，「自分たちがやること」「担当者としてやること」「自分たちだけではなく，下級生に教えてあげること」のように，多面的に捉えられるようにした。

■授業の振り返り（よい点）
学級会形式にして，自分の立場を決めさせてから話し合わせたことによって，児童は，当事者意識をもって授業に参加することができた。
■授業の振り返り（反省点）
やや「横山さん」の意見に偏る傾向がみられた。教師が適宜揺さぶりをかけ，少数意見のよさにも目を向けさせるようにする必要がある。

■振り返りを生かした今後の展望
学級会形式は，自分の立場を決めて話し合わせるために有効な手立てである。今後の授業で扱う教材でも活用できそうかどうかを検討していきたい。児童の授業感想には「下学年の見本になれるようにがんばりたい」といった記述が多く，６年生としての責任感を高めていた。日々の生活でリーダーとして活躍する児童の姿を認め，励ますことで，授業での学びを具現化させたい。

STEP2　本時の学習指導案（Plan）

(1)主題名　「よりよい学校を目指して」　高学年　C −⒃よりよい学校生活，集団生活の充実

(2)教材名　「六年生の責任って？」（光村図書）

(3)ねらい　6年生に求められる責任とはどのようなものかを考えることを通して，集団における自分の
　　　　　　役割を自覚し，責任を果たそうとする心情を育てる。

(4)展開の大要

	学習活動と主な発問・予想される児童の反応	指導上の留意点
導入	1　6年生が普段行っていることを振り返る。 ○6年生になって，新たにやっていることはどんなことですか。 ・1年生のお世話 ・清掃班の班長　など	○自分たちが普段様々な役割を担っていることに気づかせ，それらには責任が伴うことを確認し，課題意識をもたせる。
展開	2　教材「六年生の責任って？」を読み，話し合う。 ○「ぼく」の学級の話し合いでは，どのような意見が出ていますか。 ・自分たちが片づけるべき。〈ぼく〉 ・美化委員会がやるべき。〈山本さん〉 ・どちらがやるのも反対。〈横山さん〉 ○誰の意見に賛成ですか。学級会の続きをしてみましょう。 ・6年生が片づければ，下学年もまねする。 ・委員会にまかせっきりはよくない。 ・自分たちがやるだけでなく，下学年にそういう時は片づけるように教えるべき。 ○6年生の責任とは，どのようなものですか。 ・自分たちでやるだけでなく，下学年にもやるべきことを教えること。 ・学校のよい伝統を築いていくこと。	○教材文を一読した後，三者の意見を確認し，場面絵とともに掲示して論点を整理する。 ○自分がどの意見に賛成かをワークシートに書かせ，その上で教材の学級会の続きを展開させる。 ○これまでの話し合いを基に，6年生に求められる責任を多面的に捉えさせ，本時の学習のまとめをする。
終末	3　本時の学習を振り返る。 ○今日の学習を振り返りましょう。 ・6年生としての責任をあらためて考えることができた。 ・これからも，様々なリーダーとして活動する時に，責任をもって取り組みたい。	○導入で取り上げた自分たちの役割をもう一度見直させつつ，本時の学習を振り返らせる。 ○時間があれば，数人に書いたことを紹介させる。

(5)評価　友達の意見を聞くことで，自分の見方や考え方を広げ，よりよい学校生活のために，6年生と
　　　　　して何ができるかを考えていたか。〈発言，ワークシート〉

2章　学年別　PDCAを生かした道徳授業&評価　◆　107

STEP3　指導と評価の実際（Do・Check）

❶導入　普段の学校生活から課題意識をもたせる

「6年生になって，新たにやっていることはどんなことですか」と児童に投げかける。「1年生のお世話」「清掃班の班長」「委員会活動の委員長」など児童から出された意見を一つ一つ丁寧に板書する。その上で，「これらの活動に求められるものは何でしょう」と児童に問うと，「責任」「リーダーシップ」といった声が上がるであろう。また，普段こうしたことを意識して活動しているかを聞くと，そういう児童もいれば，あまり考えずに6年生だから仕方なくやっていると答える児童も出てくると思われる。そこで，本時では，「6年生に求められる責任とはどのようなものか」を考えていくことを知らせ，児童に本時の学習への課題意識をもたせる。

❷展開　教材文の話し合いの続きを学級会形式で話し合い，当事者意識をもたせる

まずは，教材文を範読する。場面絵を貼りながら読み進めることで，児童が場面の状況を把握しやすいようにする。

展開の第1発問「『ぼく』の学級の話し合いでは，どのような意見が出ていますか」では，「ぼく」の学級で話し合われている議題と，「自分たちが片づけるべき〈ぼく〉」「美化委員会がやるべき〈山本さん〉」「どちらがやるのも反対〈横山さん〉」の三つの発言内容をおさえる。

> **授業の工夫点**
>
> 　3人の意見のうち，自分は誰の意見に賛成するかを決め，理由も含めてワークシートに書かせる。その後，教材文の学級会の続きを学級全体で行わせる。

展開の第2発問は，「誰の意見に賛成ですか。学級会の続きをしてみましょう」である。まずは，ワークシートに自分の考えを理由も含めて書かせる。それにより，自分の立場を明確にして，話し合いに参加できるようにする。

次に，それぞれの意見を基に，教材文の学級会の続きを行わせる。ここでは，いずれか一つの意見に集約するのではなく，3人の意見のいずれにもよさがあることに気づかせたい。

例えば，児童によっては，「ぼく」や「山本さん」の意見を低次のものと考えてしまう可能性がある。しかし，高学年として自ら手本となる行動を見せることや，委員会としての役割を果たすことも大切な6年生としての責任であることに気づかせる必要がある。また，「横山さん」の意見についても，「6年生も美化委員会も片づけなかったらどうなりますか」という補助発問により，この立場として6年生がどうすべきなのか，考えを深めさせたい。

それぞれの意見を踏まえて，6年生に求められる責任を児童が多面的に捉えられるようにすることが肝要である。

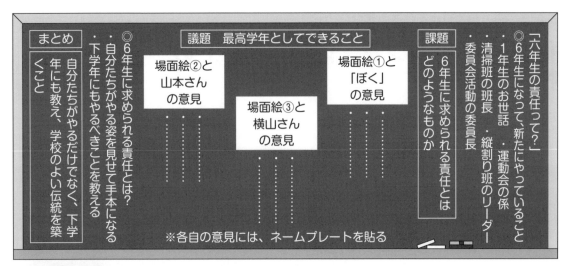

- 児童の話し合いの様子やワークシートの記述から，友達の意見を聞くことで，最初にワークシートに書いた意見から，自分の見方や考え方を広げているかどうかを見取る。
- 終末に書いた振り返りの記述から，日頃の6年生としての活動を見直し，よりよい学校生活のために，6年生としてこれから何ができるかを考えているかどうかを見取る。

❸終末　導入を踏まえた振り返りを

　終末に向かう前に，「6年生に求められる責任」について，児童の言葉を基に板書を整理する。その板書の内容を踏まえ，本時の学習でわかったことや考えたことについて，振り返りを書かせる。その際，導入で取り上げた自分たちの役割をもう一度見直させつつ，本時の学習を振り返らせるようにすると，児童は，様々な場面で本時の学習を生かそうと考えるであろう。

STEP4　授業改善への具体的な展望（Action）

　学級会形式で話し合う際，普段，学級活動の時間などで行われている学級会の実態に応じて，座席をコの字型の形態に変えたり，司会や書記を児童に行わせたりするのも，児童が主体的に話し合いを進めるために有効な手立てである。ただし，一部の立場の児童に発言が偏らないようにしたい。教師も時には話し合いに介入し，意図的に様々な立場の児童に発言させたり，適宜補助発問をしたりして揺さぶりをかけ，児童の考えが深まるようにすることも必要である。
　また，児童が振り返りで記述した内容は，ぜひとも互いに読み合ったり，学級全体に発表させたりする時間を設けるようにしたい。その時間を確保するためにも，時間配分を意識した授業展開を日頃の道徳授業から心がけるようにしたいものである。

（菅原　友和）

高学年　D-㉒よりよく生きる喜び

「真海のチャレンジ―佐藤真海―」の授業モデル

STEP1　PDCAの流れ

■全体計画・年間指導計画での位置づけ
年間指導計画の6年生の5月に設定されている。東京オリンピック・パラリンピックの実施に向けて、その意識の向上を図ることもできる教材である。
■本時で育てたい子供の力
困難を乗り越える強さを大切にして、人間としてよりよく生きる喜びを感じて自己を高めていこうとする態度を育てる。

■授業の工夫点
子供の問題意識を生かすために学習問題の「設定」「追求」「解決」の三つの学習プロセスを大切にした授業展開を行う。「学習問題」は学級で統一したものであるが「解決」は一人一人異なってよいものであることに留意したい。多面的・多角的な思考を促すために真海を支えたことを多様に考えさせる。その際、考えを色チョークで類別整理し子供の考えが明らかになるようにする。

■授業の振り返り（よい点）
学習問題を意識し、発問を工夫することで、子供はより問題意識を高めながら、ねらいとする道徳的価値について考えることができた。今回は広く問うたが、発問を焦点化することも意義があるので、さらに研究を深めたい。
■授業の振り返り（反省点）
片足を失うことの大変さを、さらに子供に実感させる必要があった。

■振り返りを生かした今後の展望
問題解決的な学習プロセスは、子供に定着してきている。「設定」「追求」「解決」の意義を、さらに子供にわかるように示し、道徳を学習する意義を実感させることで、さらに主体的な学びにつなげたい。本時の「解決」の発問については、さらに子供が自分事として捉えられるよう、一層の工夫を図りたい。学習プロセスについては、子供の問題意識を生かすよう、研究を深めたい。

STEP2　本時の学習指導案（Plan）

(1)主題名　「困難を乗り越える強さ」　高学年　D−㉒よりよく生きる喜び
(2)教材名　「真海のチャレンジ―佐藤真海―」（「私たちの道徳」文部科学省）
(3)ねらい　困難を乗り越える強さを大切にして，人間としてよりよく生きる喜びを感じて自己を高めて
　　　　　いこうとする態度を育てる。
(4)展開の大要

	学習活動と主な発問・予想される児童の反応	指導上の留意点
導入	1　学習への視点を定め，「私たちの道徳　小学校五・六年」190・191ページを読む。	○ねらいとする道徳的価値への方向づけをする。
展開	2　教材「真海のチャレンジ―佐藤真海―」を読み，話し合う。 ○心に残ったことはどんなことですか。 ・足を失っても夢を見つけて，すごい。 真海のチャレンジ精神は，どこからきているのだろう ○病気で片足を失った真海は，どんな気持ちだったでしょうか。（①） ・なぜ自分だけがこんな目にあうのだろう。 ・つらい。もう嫌だ。 ・何もしたくない。 ○病気や練習のつらさを乗り越える真海を支えたものは何だと思いますか。（②） ・もっと強い自分になりたい。 ・病気に負けたくない。〈克己〉 ・苦しんでいる人に勇気を与えたい。〈社会貢献〉 ・コーチや家族の期待に応えたい。〈感謝〉 ・つらい経験があったから。〈壁〉 ・助かった命を輝かせたい。〈生命〉 ○オリンピック招致のプレゼンテーションの舞台に立ち，真海は自分の生き方をどう思ったでしょうか。（③） ・つらいこともあったが，ここまできてよかった。 ・困難があったからここまでこられた。 ○強い心で壁を乗り越えたことや，よりよく生きる喜びを感じられたのは，どんな時ですか。 ・家族のために，自分ができることを精一杯やっている。 ・忙しくても，学校の勉強も塾の勉強も大切にしている。	○子供の問題意識を引き出し，学習問題を設定する。 ○つらさや苦しみに出会い，耐える時の思いについて考える。 ○苦しみを乗り越える人の強さについて，佐藤真海さんへの共感を通して多面的・多角的に考える。 ○グループで話し合った後，全体での共有を行い，他者理解を深める。 ○発問①②③のつながりを生かし，生きる喜びを浮き立たせ，価値理解を深める。〈話し合い活動〉 ○ねらいとする道徳的価値について，さらに自己を見つめて考える。〈道徳ノート〉
終末	3　学習のまとめをする（佐藤真海さんのプレゼンテーションを視聴する）。	○佐藤真海さんの思いと自分の思いを比較する。

(5)評価　・人の強さや生きる喜びについて，多面的・多角的に考えられたか。〈話し合い活動〉
　　　　・困難を乗り越えて強く生きることについて，自己を見つめて考えられたか。〈道徳ノート〉

2章　学年別　PDCA を生かした道徳授業&評価　◆　111

STEP3　指導と評価の実際（Do・Check）

❶導入　問題意識を高める

　道徳科における問題解決的な学習の問題として必要なことは「子供の問題意識を引き出す」「切実感をもたせる」ことである。そのような視点から，本時は教材の感想から，子供の言葉で，本時に追求したいことを，学習問題「真海のチャレンジ精神は，どこからきているのだろう」と設定した。学習問題は子供と教師でつくりあげるものであり，子供の言葉を大切にすることが望ましい。教材によっては，教師から問題を投げかけたり，アンケートを活用したり，道徳の宿題を活用したりするなど，学習問題の設定の方法は多様に用意したい。

❷展開　複数の立ち位置から考える

　はじめに真海の病気がいかに大変でつらいものだったのかを，自我関与させて考えさせた。ここでは「悲しい」「苦しい」といった考えが挙がるが，これは心の弱さとしての人間理解ではなく，障害にぶつかった時の感じ方・考え方を表出させるためのものである。片足を失うことは大変なことであり，その思いに少しでも寄り添うことが，本発問の意図である。

授業の工夫点

　中心的な発問では，真海を支えたものを多様に考えた。真海の心情や判断でなく，真海の生き方を広く問う発問である。永田繁雄氏は発問の大きさを以下に示している（下図参照）。発問の大きさを意識しながら，子供の深い学びが実現されるよう，工夫した展開にしたい。

発問の大きさ・4区分：発問の大きさを意識して，大きな発問も授業に織り込む

場面を問う （人物の気持ちや行為の理由など）	人物を問う （主人公の生き方など）	教材を問う （教材の意味や持ち味など）	価値を問う （主題となる価値や内容など）

小 ←──────────── 発問の大きさ ────────────→ 大

東京学芸大学「道徳授業スキルアップセミナー」資料より（2017年）

　本時では，学習指導案の「予想される児童の反応」の中で子供の発言に込められた道徳的価値に関わることを類別整理して教師が予想しておいた。〈克己〉〈社会貢献〉などがそれである。それを実際の授業では色チョークで類別整理することで，子供が多面的・多角的に考えられるようにした。また，中心的な発問は中心的な問題追求となる。学習問題と中心的な発問（追求）を適切に結びつけることで，問題解決のプロセスを大事にした学習展開にすることが必要である。その後は，「プレゼンテーションの際，これまでの自分を振り返って，真海は自分の生き方をどう思ったでしょうか」と問いかけた。ここでは華やかなプレゼンテーションだけでなく佐藤真海さんの生き方をさらに広く問う方がより価値理解を深められると反省した。

112

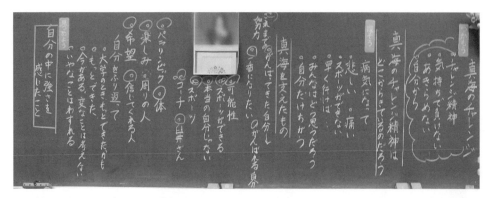

　教材での話し合いを受けて,「自分の中の強さを感じたのはどんな時ですか」と問い,現状認識を深めることで一層深く自己を見つめられるようにした。この一連の思考を学習問題の解決とする。解決にあたる思考,学習問題への答えは,子供一人一人で異なることが大切である。解決まで学級でそろえると,合意形成や価値の押しつけになることに留意したい。

> **評価の視点**
>
> 　本時では問題解決のプロセスに着目し「追求」及び「解決」での思考を評価する。「追求」では話し合い活動を通して主に多面的・多角的な思考について評価する。「解決」では道徳ノートへの記述を通して主に自分との関わりで道徳的価値の理解を深めているかどうかを評価する。上の評価の区分けは教師の指導意図によるものであり,あくまで一例である。子供によっては上とは違った視点で考えていることもあるだろう。その場合はその子供の学びを柔軟に受け止め,尊重し,多様に評価することを心がける必要がある。

❸終末　実践への期待を高める

　終末では,佐藤真海さんの実際のプレゼンテーションを視聴し,強く生きることのすばらしさを,実感をもって理解できるようにした。その他に,説話も効果的である。教師の子供の頃の話や,現在の思いなど,教師自身を語ることで,教師も人として,迷いながら生きていることを伝えることができる。特に高学年や中学校では,教師自身の迷いや葛藤を語ることで,子供も「先生でもそうなんだ」と弱さを前向きに受け止めることができるだろう。

STEP4　授業改善への具体的な展望（Action）

　6年生は小学校の学習のまとめの時期である。道徳科でも,これまでの学習を広く振り返るとともに,中学校での学習を少しずつ意識したい。例えば,中学校では広い視野からの多面的・多角的な思考が求められる。「中学校では,このように学んでいくんだよ」などと,これからを見すえた指導を行うことが効果的である。

（野村　宏行）

高学年　D-⑳自然愛護

掲載教科書
東書・学図・光村・日文
あかつき

「一ふみ十年」の授業モデル

STEP 1　PDCA の流れ

■全体計画・年間指導計画での位置づけ
「一ふみ十年」は，本校の年間指導計画では，6月末に設定されている。夏を迎え，周囲に緑があふれ，「自然愛護」という価値をじっくり考えることができる時期だからである。
■本時で育てたい子供の力
自然のよさにあらためて気づき，自然を大切にしようとする態度を育てたい。

■授業の工夫点
授業では，「『一ふみ十年』の言葉を聞いて，自分はどのように考えたか」と問い，自然を守るよさなどについてあらためて気づかせた。そして，「普段，できていないことがあるのはなぜか」と問い返すことで，自分に身近な問題として捉えることができるようにした。また，それを受けて，自分の校区の自然のよさや守りたい自然を出し合う活動を仕組むことで日常化・態度化を図った。

■授業の振り返り（よい点）
「普段，大切にできない理由」を話し合うことで，知識が必要なことや大切にしないことで起こる影響に無自覚であることなどへの関心をもてた。
■授業の振り返り（反省点）
「わかってはいるができない理由」として，自然を守ることが，自分の役割や責任の一つであることになかなか気づけなかったことである。

■振り返りを生かした今後の展望
本授業の2時間後に「C-⑯よりよい学校生活，集団生活の充実」を内容項目とした「かれてしまったヒマワリ」が計画されていることから，本時で培った「広く身の回りの自然環境を愛護していこうとする態度」と関連づけて，自分の役割として世話をしている植物を大切にすることのよさや大切さについて考えを深めることで，自然愛護の役割意識などを高め，態度化したい。

STEP2　本時の学習指導案（Plan）

(1)主題名　「自然を守る」　高学年　Ｄ－⒇自然愛護
(2)教材名　「一ふみ十年」（東京書籍）
(3)ねらい　身近な自然のよさ，偉大さについてあらためて考え，自然環境を大切にする態度を養う。
(4)展開の大要

	学習活動と主な発問・予想される児童の反応	指導上の留意点
導入	1　自然にはどんなものがあるか出し合う。 ・木　・山　・水　・海　・太陽　・風	○自然への関心を高めるために，自由な雰囲気の中で，自然の具体を出し合わせる。
展開	2　教材「一ふみ十年」を読み，話し合う。 ○松井さんの言葉などを聞いてどう感じましたか。 ・高山植物は特に大切だ。取り戻せない。 ・重みのある言葉で，わかりやすい。 ・傷めると悲しむ人が多い。影響が大きい。 ・自分も自然を大切にしていこうと思う。 ・周りの人にも知らせたい。 ○自然を大切にしたらいいことはわかっているのに，普段できない，しないのはなぜでしょうか。 ・知識として知らない。気づいていない。 ・忘れている。意識していない。 ・少しなら別にいいと思ってしまう。 ○どう考えればいいでしょうか。 ・大切さなど，自然（植物・動物環境など）について正しい知識を得ることが重要だ。 ・自分ができること，すべきことをしっかり考えて行う。	○教材の少年の立場を踏まえた上で，「自分はどのように考えたか」と問うことで，「自分自身の問題」としてこの問題を捉えさせる。 ○反応を三つ（①自然は大切であるという認識，②大切にしたいという意志，③影響が大きいこと）に分けて板書する。 ○「日常生活で，なかなかできない理由」を問い，一層自分事として考えさせることで，自己を振り返ることができるようにする。 ○日常生活で実際には，少しくらいしなくても，できなくてもいいと考えている「人としての弱さ」に着目できるようにする。 ○これまでの話し合いを受けて，①大切にすべき自然とその理由，②（役割意識や責任感なども含めて）自然を大切にするためにできることを明確にする。
終末	3　身近な自然について考える。 ○校区内で守るべき，すばらしい自然環境を出し合いましょう。 ・学校のシンボルツリー（○○の木） ・地域独特の桜（○○桜） ・豊かな川 ・広い田園　・蛍	○校区を中心に身の回りの貴重な自然について，導入と同様，ゆったりとした雰囲気で自由に出し合わせる。その中で，具体的な対象やそのよさ，それらを守るために何をすればいいのかなどについての関心を高める。 ○引き続き関心をもち，身の回りを見つめたり，家族と話し合ったりしようなどと投げかける。

(5)評価　・自然を傷めることの影響や自然を守れない弱さについて多面的に考えようとしていたか。
　　　　・身近な自然のよさやそれらを守ることについて，自分事として考えようとしていたか。

2章　学年別　PDCA を生かした道徳授業＆評価　◆　115

Step3　指導と評価の実際（Do・Check）

❶導入　道徳的価値や関係の事物についての関心を高める

　授業冒頭で，本時のめあてである「自然を守ることについて考えよう」と投げかけた。道徳科で扱う自然愛護は，理科のそれとは異なる。非科学的であってはならないが，身の回りの自然について普段考えていることへの関心を引き出すことが重要である。そこで，「自然」という言葉から連想されるものを自由な雰囲気で出し合った。「木々や山」「川や海」「太陽や風」などが出され，どれも身近で大切なものだと確認し合い，めあてへの関心を高めた。

❷展開　教材の人物の立場を踏まえて，自然を大切にする意味や難しさを考える

　教師が教材を範読する前に，場面絵等（特に地図や立山，チングルマの写真など）を提示し，内容を予想させるなどして，教材の内容や道徳的価値への関心を高めた。

　展開の第1発問は「松井さんの言葉などを聞いてどう感じましたか」である。主人公の少年の立場に立ちながらも自分はどのように感じたかを出し合わせることとした。これは，展開後半や終末の活動で，自然愛護について，特に「自分事」として考えさせる必要があるためである。参加度を上げるためペアやグループで意見交換をした後，全体で話し合うこととした。

> ### 授業の工夫点
>
> 　①「はじめて知った」「重い言葉だ」「自然は大切」という感想や自然に関する認識はもとより，②「自分もこれからは大切にしていきたい」などの行為や意志に関すること，③「自然を傷つけるとなかなかもとに戻らない，悲しむ人が多い」などの影響に関することの三つに分けて板書し，自然を大切にすることの意味を比べながら全員で確認，理解した。

　展開の第2発問は「自然を大切にしたらいいことはわかっているのに，普段できない，しないのはなぜでしょうか」である。高学年になれば，自然を大切にすべきことは十分わかっている。それでも実際には草木を傷めたり，自然愛護への関心が低かったりすることについて自分を振り返って考えることができるようにした。すると主に三つの理由が出された。一つ目は，今回のチングルマのようにどのような自然が大切で守らなければならないのかという具体的な知識がない場合である。二つ目は，知っていてもつい忘れて自然を傷めてしまうことである。三つ目は，忘れてはいないがこれくらいいいだろうと考えて自然を壊してしまうことである。人としての弱さ（人間理解）に関する二つ目，三つ目は，一人一人が自覚する必要がある。

　それらを踏まえて，第3発問で，「正しい知識を知る」「やるべきことは丁寧に行う，やってはいけないことはやらない」ということについてゆったりと話し合った。

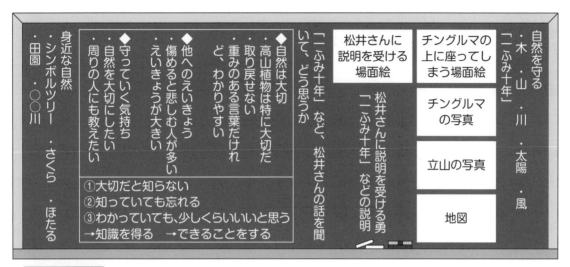

評価の視点

・展開で，教材を踏まえ自然を傷めることの影響や自然を守れない弱さについて友達の考えを聞きながら多面的に考えようとしていたかどうかについて，記述や発言から見取る。
・終末で，守るべき身近な自然を見つけたり，それらを守るための方法などについて自分事として考えようとしたりしていたか，記述や発言から見取る。

❸終末　守るべき身近な自然を見つける

　展開後半で，守るべき身近な自然を知識として知ることが大切だとの話し合いを踏まえて，校区のよりよい自然を出し合った。学校のシンボルツリーである「○○の木」（校庭や校区の一部にある），地域独特の「○○桜（市の天然記念物）」や○○川の蛍などが出された。地域の自治体などが中心となって守っていて，観光名所になっていたり祭りが開催されたりしていることなどをみんなで理解した。蛍を捕獲しないことや川を汚さないことなどの意見が出された。

STEP4　授業改善への具体的な展望（Action）

　改善の方向は二つある。一つは，同じ内容項目の授業，もう一つは，よく似た教材内容の授業である。前者は教材「イルカの海を守ろう」（3月）である。本授業が植物保護なのに対して，自然愛護，動物保護に目を向けた授業を行う。対象の広がりや対象の違いはあっても支える心情や意欲は共通していることを学ぶようにする。

　二つ目は，教材「かれてしまったヒマワリ」（C－(16)よりよい学校生活，集団生活の充実）を用いて，身近な自然（花壇の草花）を育てるよさを考えるとともに，本授業で丁寧に扱えなかった「自分事として」「自覚をもって」自然を守ることを副次的内容項目として扱う。

Sτερ5 PDCA を生かした次の時間の授業

●導入 前時の学習を想起し，本日のめあてを知り，教材内容に関心をもつ

　授業冒頭で，前時の教材名，道徳的価値などについて思い出させ，前時に出された「大切にすべき身近な自然のいろいろ」を再度板書するとともに，本時の教材名，場面絵を黒板に貼り，関心を高めた。教材「かれてしまったヒマワリ」のヒマワリが，身近な自然の一部だということについて共通理解した上で，2点確認した。1点目は，本時では，集団の中の自分の役割で大切なことを考えていこうということ（本時の道徳的価値に関わる学び），2点目は，授業の最後に前時と本時の共通点を考えていこうということ（PDCA を生かして，両授業の関係を考え，自分の役割，責任を考える学び）である。

●展開前半 教材を読んで，主人公の心情や行動について話し合う

　展開前半で，主人公「ぼく」は，三つの場面でどのようなことを考えていたのか話し合う。

A	場面絵1	玄関のプランターにだけ水をやり，花壇や腐葉土に水をやらなかった場面
B	場面絵2	自分のこぼした石灰を体育委員が後始末しているところを見た場面
C	場面絵3	ヒマワリがかれかけたことに気づき水やりをしたが，3本はかれた場面

　心情を端的に表現できるようにするために，2色（赤と青）の心情円盤を用いて「赤：面倒だからやりたくないな」「青：引き受けた仕事，役割だからやらなくては」で表すこととし，グループでその理由を交流させることとした。

　Aは，赤が80パーセント以上を占める子供が多かった。玄関のプランターの水やりはやっていたのが20パーセントだとのことである。Bは，体育委員の仕事ぶりを見て反省し，ヒマワリを見に行ったことなどから，赤・青半々，または，赤が多いにしろ，Aの場面よりも青が多く占めるようになっていた。Cは，「それからは，晴れた日には必ず水をやることにした」とあることから，ほぼ青の心情になっていると話し合った。

　重要なのは，自分と比べて考えるということである。誰でも「役割，責任を果たすことは大切だということはわかっている」のだけれど，なかなかできないことがあるということを自分事として捉えるということである。

●展開後半 集団の一員として大切なことについて話し合う

①今の自分の心の中を心情円盤で表現する

　導入時に今の自分の委員会活動名とその活動の具体について想起させていたので，それに関

連させ，今の自分の心の中を２色で表すとどのようになるのか表現することとした。
　青が多い子供，少し赤が多く，主人公「ぼく」のはじめの頃の状況と似ている子供もいた。いずれにしても，自分事して問題状況を捉えることができたと考える。
②集団の一員としてどんなことが大切か話し合う
・集団の一員だということをしっかり考えておくこと。人に頼らないこと。
・周りの人のことを考えること。誰かのためにするのだということを忘れないこと。
・どう関わるのか，やることでどのような効果があるのかを考えること。
・責任をもつということ。
などの意見が出た。

❹終末　本時でわかったことや考えたことを書く

　まとめとして書く活動を仕組んだ。その際，通常どおり「わかったことや考えたことを書きましょう」と指示するとともに，導入で示した「一ふみ十年」に関連づけ「二つの学習を通して考えたこと，共通点について，書ける人は書いてみましょう」と指示した。
・自分の役割があるという共通点（自然を守る，自分の仕事をする）があった。やるべきことをやらないといけない。
・自分の周りのことについて責任をもってしなければならないということが似ていた。
・委員会も係の仕事もそれを受けつぐ気持ちの大切さがわかった。
・前は大きなことだったけど，今日は小さなことだった。でもやることはやるということ。
・「大切」というのが共通点だと思った。大切にする「広さ」は違うところだと思った。

　今回は，Actionを踏まえ，自然愛護も役割，責任も「自分事」として捉えることを大切にした。そのため，一般的な道徳科授業では行うことの少ない異内容項目間の関連を考える活動となった。

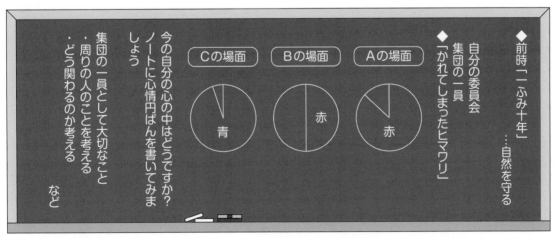

（坂本　哲彦）

3章

道徳科の
通知表&指導要録
作成のポイント

道徳科の通知表＆指導要録作成について

評価の基本的な考え方

　平成28年7月29日に文部科学省初等中等教育局長名で「学習指導要領の一部改正に伴う小学校，中学校及び特別支援学校小学部・中学部における児童生徒の学習評価及び指導要録の改善等について（通知）」が出されている。その中で，「道徳科の学習評価に関する基本的な考え方」を示している。

　非常に重要な内容なので，その要旨について，「学習指導要領解説　特別の教科　道徳編」などの記述を基に，多少文言を補いながら，次のとおり示す。

○学習状況や道徳性に係る成長の様子を継続的に把握し，指導に生かすように努める必要があること。

○ただし，数値などによる評価は行わないものとし，記述式とすること。

○道徳性の評価の基盤には，教員と児童生徒との人格的な触れ合いによる共感的な理解が存在することが重要であること。

○道徳性の評価は，児童生徒が自らの成長を実感し，さらに意欲的に取り組もうとするきっかけとなるような評価を目指すべきであること。

○児童生徒の人格そのものに働きかけ，道徳性を養うことを目標とする道徳科の評価としては，育むべき資質・能力を観点別に分節し，学習状況を分析的に捉えることは妥当ではないこと。すなわち，道徳性の諸様相（道徳的判断力，心情，実践意欲と態度）を分節し，学習状況を分析的に捉える観点別評価は，妥当ではないこと。

○このため，道徳科については，「道徳的諸価値についての理解を基に，自己を見つめ，物事を（広い視野から）多面的・多角的に考え，自己（人間として）の生き方についての考えを深める」という学習活動における児童生徒の具体的な取組状況を，一定のまとまり（年間や学期といった一定の時間的なまとまり）の中で，児童生徒が学習の見通しをもって振り返る場面を適切に設定しつつ見取ることが求められること。

○他の児童生徒との比較による評価ではなく，児童生徒がいかに成長したかを積極的に受け止めて認め，励ます個人内評価として行うこと。

○個々の内容項目ごとではなく，大くくりなまとまり（年間や学期といった一定の時間的なまとまり）を踏まえた評価とすること。

○その際，特に道徳教育の質的転換を図るという今回の道徳の特別教科化の趣旨を踏まえれば，特に，<u>学習活動において児童生徒がより多面的・多角的な見方へと発展しているか</u>，道徳的価値の理解を<u>自分自身との関わりの中で深めているか</u>といった点を重視することが求められていること。（下線：筆者）

○発達障害等のある児童生徒に対する指導や評価を行う上では，それぞれの学習の過程で考えられる「困難さの状態」の状況など（児童生徒の障害による学習上の困難さ，集中することや継続的に行動をコントロールすることの困難さ，他人との社会的関係を形成することの困難さなど）を踏まえた指導上の配慮を行うこと。評価を行うに当たっても，困難さの状況ごとの配慮が必要であり，前述のような配慮を伴った指導を行った結果として，相手の意見を取り入れつつ自分の考えを深めているかなど，児童生徒が多角的・多面的な見方へ発展させていたり道徳的価値を自分のこととして捉えていたりしているかを丁寧に見取る必要があること。

○入学者選抜における取扱について，道徳科における学習状況や道徳性に係る成長の様子の把握については，個人内評価であるとの趣旨がより強く要請されること。児童生徒自身が，入学者選抜や調査書などを気にすることなく，真正面から自分のこととして道徳的価値に多面的・多角的に向き合うことこそ道徳教育の質的転換の目的であることから，「各教科の評定」や「出欠の記録」，「行動の記録」，「総合所見及び指導上参考となる諸事項」などとは基本的な性格が異なるものであり，調査書に記載せず，入学者選抜の合否判定に活用することのないようにすること。

　なお，平成28年6月17日に文部科学省のホームページに「『道徳』の評価はどうなる？？」として，「『国や郷土を愛する態度』などの<u>個別の内容項目の評価はしないので，『愛国心』を評価することなどあり得ません</u>」「道徳科の評価は，道徳科の授業で自分のこととして考えている，他人の考えなどをしっかり受け止めているといった<u>成長の様子を丁寧に見て行う</u>，記述による『励まし，伸ばす』積極的評価を行います」が掲載された。（下線：筆者）

　通知は，内容はもとより，趣旨や理由が重要である。それらを適切に踏まえながら，指導要録の記述を行うことが求められている。また，評価は指導に生かすためのものであり，適切かつ効果的な学習を仕組み，一人一人の子供を丁寧に見取ることが重要である。なお，学校の中で，評価の内容や方法をしっかり協議し，共通理解した上で行うことが必要である。指導要録は，指導の過程と結果を記録し，その後の指導と証明等に使う。つまり毎学期の学習で見取ったことを学期ごとに通知表に記述し，その後指導要録の記述に生かすことが信頼性を高める。

指導要録の記述

指導要録の表題にある「学習状況及び道徳性に係る成長の様子」は，「道徳性に係る学習状況及び成長の様子」と読み替えると理解が容易になる。

学習状況は，1単位時間の学習においても見取ることができるが，そうではなく，大くくり（長い期間，1学期間，1年間）で見取り，その学習状況の成長の様子，すなわち個人個人の伸びを評価しようとするものである。

また，同じ学習状況やその成長の様子であったとしても，他教科にも見られるような学習状況や成長であってはならない。道徳科における評価の視点となる学習状況とは「多面的・多角的な見方への発展」と「自分自身との関わり」に関する学習状況である。したがって，その学習状況が，「道徳性に係る」ものである必要がある。すなわち，「道徳的諸価値の理解を促す学習状況やその成長の様子」「道徳的諸価値の理解を基にした学習状況やその成長の様子」，あるいは，「自己（人間として）の生き方についての考えを深めることに資する学習状況やその成長の様子」を評価するのである。

「道徳性に係る成長の様子」と表題に書かれているからといって，「道徳性そのもの」の成長の様子，あるいは，道徳性の諸様相（道徳的判断力，道徳的心情，道徳的実践意欲と態度）の成長の様子ではないので，注意が必要である。

以上のように，指導要録の記述については，前述の通知や文部科学省のホームページの記述などの趣旨を踏まえたものにする。指導要録の様式を定めるのは，「設置者の教育委員会」である。文部科学省は，学習指導要領改訂ごとにその趣旨を踏まえた「指導要録の様式の参考案」を提示している。前述の枠囲みの下線部分に着目し「より一層具体的な評価の視点」は，次のように構想できる。

❶主として，視点「多面的・多角的な見方への発展」に着目した評価

例えば，次の五つの場合を考えることができる。これらは，どれも道徳科の授業を工夫・改善することと一体である。

①主として「友達との話し合いの中で見られる学習状況など」を中心にして書く場合

例えば，一つの道徳的な問題について話し合う際に，友達と話し合いながら自分の考えを深めていくような場合である。自分の考えを明確にするために，ペアで話し合ったり，グループで話し合ったり，また，学級全員で話し合ったりする状況を記述する。いわゆる「他者理解」に係る学習状況や道徳性の成長の様子を中心にする記述といえる。

②主として「表現方法を工夫しながら考え話し合う学習状況など」を中心にして書く場合

例えば，自分の立場を明確にして主張点とその根拠を話し合うような場合である。ネームカ

124

ードや色カードなど「思考ツール」を使って話し合い，様々な考えを通して，自らの考えを深める学習状況や道徳性の成長の様子を中心にした記述である。

③主として「道徳的行為に関する体験的な学習の状況など」を中心にして書く場合

　例えば，日常で行っている道徳的行為（礼儀ややさしい言葉づかいなど）を授業で実際にやってみたり，動作化や役割演技などを行ってみたりしながら，自分なりの考えを深めようとする学習状況を中心にした記述である。大くくりなまとまりでの評価でなければならないため，たった1回行った役割演技の様子を「点」として評価するのではなく，道徳的行為に関する体験的な学習を何度か行う中での学習状況などを記述する。

④主として「立場等を明確にしたり，広げたりする学習状況など」を中心にして書く場合

　例えば，読み物教材の登場人物の立場に立って考えたり，違う立場に立って話し合ったりするなど，人物や立場，状況や時間などを変えて自分の考えをまとめたり，深めたりするような学習状況や道徳性の成長の様子を書くような記述である。教材の場面にとどまらず，一般の生活に広げたり，自分の生活にあてはめたりする学習状況を積極的に評価することもある。また，二項対立の話し合いなどでも多く見られる学習状況といえる。

⑤主として「問題解決的な学習の状況など」を中心にして書く場合

　今回の改訂では，問題解決的な学習が強調されたことから，例えば，教材にある道徳的な問題を見つけ，それをみんなで解決していく学習状況について丁寧に見ていくこともある。教材の人物の行動や置かれている状況などに問題を見つけたり，自分の日頃の行動と教材の人物のそれとの違いや共通点などに着目したりして課題を設定，追求，解決する学習状況や道徳性の成長の様子を記述する。

❷主として，視点「自分自身との関わり」に着目した評価

　上記の「多面的・多角的な見方への発展」と明確に分けられるわけではない。道徳的価値の理解を他人事として，あるいは所与のものとして理解する学習はふさわしくない。自分事として考える学習を仕組み，その学習状況を積極的に個人内評価することが重要である。

①主として「現在の自分を見つめている学習状況など」を中心にして書く場合

　例えば，教材の人物の生き方にふれ，今の自分の生活や考え方についての見方を深めている学習状況，登場人物のよさについて話し合ったことを基にして，自分のよさについて考えようとしている学習状況などを積極的に認め，励ます記述をすることもある。

②主として「今後の自分についての考えを深めている学習状況など」を中心にして書く場合

　例えば，人物の生き方に学び，これからの自分の生活や考え方の課題や目標について思いを深め広げている学習状況を評価することができる。学級活動のような具体的な行動目標とは違い，学んだ道徳的価値のよさに係る自分の生き方のめあてのようなものをもつ様子を丁寧に見取る。

3章　道徳科の通知表＆指導要録作成のポイント　◆　125

通知表の記述

　通知表は，指導要録とは異なり，その作成は学校の任意である。学習や生活の様子などについて学校側から子供自身や保護者に学期ごとに通知し，子供の励みとしたり，保護者の理解や協力を求めたりすることが通知表の目的である。道徳科においても，保護者に学習状況や成長の様子がわかりやすく伝わるような工夫をするとよい。

　指導要録は，指導の過程と結果の要約を記録し，その後の指導と外部に対する証明等に使用するものである。その意味では，学期ごとに通知表に記述した評価を基に指導要録の記述へつなげていくことが，信頼性のある評価にする上では，有効である。

　道徳科では，教師の評価を子供自身が自らの成長として実感し，意欲の向上につなげられるようにする必要がある。そのためには，学習内容がわかるように学習を紹介したり，子供の成長や学習状況を発言や振り返りを根拠としたりして，具体的に記述することもあってよい。

　記述の方法としていくつか参考となる評価を例示する。

①大くくりな評価＋複数の教材名などを踏まえた具体的な学習状況の評価

　※教材名などは記述するが，内容項目や道徳的価値に関わる記述はしない例

> 　相手の立場に立って考えたり，友達の意見をしっかり聞いて話し合ったりしています。例えば，「よわむし太郎」や「心と心のあく手」では，役割演技で相手の気持ちやその場の状況を自分事として捉え，よりよい生き方についての考えを深めていました。

　具体的な教材名を書いてもよいし，「伝記教材では」「身近な生活が描かれた教材では」などのように少し抽象化した教材の示し方をすることも可能である。

②大くくりな評価＋際立った一つの教材の中で見られる具体的な学習状況の評価

　※①と同じく教材名は記述するが，内容項目や道徳的価値に関わる記述はしない例

> 　人としてよりよい行動とはどのようなことなのか，教材の人物になりきって考えようとしています。特に，「手品師」では，主人公がどう行動しようか迷っている場面で，「自分ならどうすることがよいのか」と，自分に問いかけながら考えていました。

　以上は，一文目に大くくりなまとまりの評価文，二文目に教材名を挙げてその中での学習状況を書いた文を合わせたものである。年間１回しか評価しない学校では，一つの教科だけで書くのはあまり望ましくないのではないかという考え方もある。

　これ以降は，同様の大くくりな一文目を書くか否かは任意として，二文目をよりくわしく具

体的に記述する例を示す。

③複数の教材名及びそれぞれに対応した内容項目や道徳的価値を書いた評価

> 「最後のおくり物」や「知らない間の出来事」では，人を思いやることのすばらしさや友達と助け合うことのよさについて，自分の経験と結びつけたり比べたりしながら，イメージをふくらませて考えようとしていました。

④一つの教材名を挙げ，その中で見られる具体的な記述や発言などを取り上げた評価
　※内容項目や道徳的価値に関する考えが入った記述や発言となる

> 「はしの上のおおかみ」の学習では，「意地悪をするよりも親切にする方がずっと気持ちいい」と話すなど，あたたかい心で人に接することや人に親切にすることのすばらしさについて，友達と話し合っていました。

⑤一つの教材名を挙げ，その中で気づいた道徳的諸価値の認知的な側面を取り上げた評価

> 「雨のバス停留所で」の学習では，場面の状況を具体的にイメージして役割演技をする中で，友達と熱心に話し合い，「社会のルールを守ることは人としてとても大切だ」と気づきました。

　以上のように，通知表の記述の在り方は様々である。

　①や②のように，指導要録の記述に教材名を付記するだけで，内容項目や道徳的価値に係る記述をしない場合は，③④⑤に比べると，保護者や子供に学習の様子が伝わりにくいというデメリットがある。しかし，指導要録と通知表の評価の基本的な考え方及び記述がほぼ同じという合理性（すなわち，メリット）がある。

　学校によっては，指導要録の記述（教材名も内容項目も道徳的価値も書かない）と同じ考え方で通知表の記述をするところもある。また，1学期は，大くくりなまとまり（すなわち，上記①②の一文目）の評価文を書き，2学期以降，具体的な教材名や内容項目に関する記述をするなど，3学期間全部でひとまとまりの評価文になるような書きぶりにするところもあろう。

　なお，道徳科の評価の欄がなく，総合評価欄に道徳科の評価も一緒に書く場合は，「道徳科の学習では……」などと書き始めると，他の教科の学習状況と混同されなくてすむ。

　いずれの場合においても，明確な評価観が，教員間で十分共通理解されることが欠かせない。

　次項の文例は，これまでの例を参考にしつつ，それぞれの執筆者の具体的な取り組みを基に記述している。

（坂本　哲彦）

通知表＆指導要録の記入文例

①低学年

通知表の文例

・「はやとのゴール」の学習では，困っている人の気持ちになってやさしくすることがいい気持ちにつながっていることに気づき，誰かを笑顔にするような親切の心地よさについて考えることができました。

・「空いろのたまご」の学習では，生き物の身になってやさしく接することについて考え，これから生き物と接する時にも，生き物のことを考えてやさしい気持ちで関わりたいという思いをもつことができました。

・「がんばれポポ」の学習では，鉄棒の練習をしている自分を振り返り，心の中で自分を励ましながら，ねばり強く練習することで，できるようになることがあるということに気づくことができました。

・「オレンジ色の木のみ」の学習では，周りの人の思いを考えて約束やきまりを守ることの大切さに気づき，約束やきまりの意味を考えて生活していきたいという思いをもつことができました。

・「およげないりすさん」の学習では，みんなと仲良くするために，肯定的な見方を大切にして過ごすことについて考え，誰に対しても公平，公正に接することのよさについて考えることができました。

・「行ってみたいな」の学習では，他国の食べ物や建物の様子について知り，他国の文化の魅力やよさを感じて，世界のたくさんの人々や文化に親しみたいという思いをもつことができました。

128

・「広がるあいさつ」の学習では，気持ちのよいあいさつや言葉づかいについて考え，自分も相手も笑顔になったり，心をあたたかくしたり，心をつないだりすることに気づくなど，礼儀正しい行為の大切さについて多様な視点から考えることができました。

・「きらきらみずき」の学習では，友達と仲良く遊んだり，進んで掃除に取り組んだりすることが自分の長所であることを実感するなど，自分のよさについて豊かに考え，積極的によさを伸ばしていこうとする思いをもつことができました。

・「かぼちゃのつる」の学習では，人の言うことをよく聞いて，わがままをしないで過ごすことの大切さについて考えました。「きんのおの　ぎんのおの」の学習では，嘘をついたりごまかしたりしないで行動することの大切さに気づき，正直に生活すると心が明るくなることについて考えました。どちらの学習でも，これからさらに発展させようとする意欲を高めている様子でした。

・「おかしくないかな」の学習では，みんなが使う場所や物には，約束やきまりがあることに気づきました。また，「二わのことり」の学習では，友達のことを思って行動した経験を振り返り，友達の気持ちを考えてやさしくすることで，友達と同じうれしい思いになることに気づきました。このように，よりよく生きるために大切なことについて，たくさんの発見をしながら，学びを深めました。

指導要録の文例

・これまでの体験学習活動を具体的に思い浮かべ，よりよく生きる上で大切なことが内包されていたことに気づくなど，生活経験の中から大切なことを見出して考えることができた。

・立場を変えて考えると，相手の気持ちがよくわかることに気づくなど，多様な視点から考えることの大切さを実感し，これからの生き方についての考えに生かすことができた。

・大切なことを実現することの心地よさを実感し，これからの目標を見出すなど，自分の感じ方や考え方を見つめ，大切なことを積極的に実現していこうとする思いをもつことができた。

・学んだことを自分との関わりで考え，乗り越えたい自己課題を見出すなど，学んだことを基に，これからの生き方についての考えを深めることができた。

(川村　晃博)

通知表＆指導要録の記入文例

②中学年

通知表の文例

・「友だち屋」の役割演技では，登場人物になりきって演じることで，友達に対してやさしく接することの大切さを感じ，積極的に表現していました。演じることで，友達とは自分にとってどんな存在なのかあらためて考えるきっかけになりました。

・「六セント半のおつり」では，嘘をついたりごまかしたりせず，正直にすることのよさについて考えを深めていました。自分の経験を振り返り，道徳ノートいっぱいに自分の考えをはっきりと書き込むこともできました。

・「雨のバス停留所で」での話し合いでは，きまりは守らなければいけないという気持ちと，それはわかっていてもできないという気持ちについて自分の中の迷いを発表し，考えを深めていました。世の中のきまりの必要性にまで考えを広げていました。

・周りの人へのありがとうの気持ちについて，友達の意見を参考にして，自分の考えを一層深めていました。特に「がっこうのようむしゅじさん」では，身近な人の仕事について考え，様々な人への感謝の気持ちを書き込んでいました。

・自分自身が今までの生活の中でできたことについて，前向きに発表することができました。なかでも「さるくんはだめ」では，平等にすることの大切さについて考え，「いじめは絶対にいけない」とクラス全員の前で述べていました。

・ペアトークの際には，自分の考えを話し，友達の意見をよく聞いています。主人公ならどう考えるかについて「○○さんの意見はこうだったのですが，私はこうです」と発言していました。

・生き物について考えた授業では，家で飼っている昆虫について説明し，なぜ自分が大切にしているのか発言していました。友達の意見もよく聞き，昆虫の生命も人間と同じ一つの生命であると理解を深めていこうとしていました。

・すがすがしさについて考える授業では，自分が見たことのある美しい虹や，日の出の様子について発言していました。すてきなものに出会った時のことを思い出して，考えることができました。

指導要録の文例

・どの教材の授業でも，自分の姿を思い浮かべながら考えていた。教材を読んだ後，主人公と自分を比べながら，「自分はこうしたい」と積極的に発言していた。

・主人公の気持ちに共感し，自分の気持ちを発表することができた。多くの児童がその考えに共感し，授業が深まった。

・毎時間考えてきた，様々な課題について，それらを結びつけながら考えを発表していた。学期はじめよりも，道徳的な問題を様々な側面で考える姿勢が高まった。

・登場人物の気持ちに共感しながら，わかっていてもなかなかできない苦しさについても考えていた。自分についてもよく振り返って，規則正しく気持ちのよい毎日を送るためにはどのようなことが大切か考えることができた。

・友達の考えをよく聞き，自分の考えを広げていた。登場人物の気持ちを自分の思いと重ね合わせながら考えていた。

・もし自分が登場人物と同じ立場だったらという目線で物事を考えていた。友達との意見の交流を通して，自分の考えをさらに広げていた。

・自分との関わりで考え，自分の考えを広げていた。体験的な活動も積極的に行い，登場人物の気持ちを中心に考えていた。

(庄子　寛之)

通知表＆指導要録の記入文例

③高学年

通知表の文例

・「手品師」の学習では，「自分をごまかしたくない」と発言するなど，自分が大切にしたい生き方について考えを深め，よりよく生きていくために大切なことについて，たくさん気がつくことができました。

・「正直，誠実」に関わる学習では，「約束」と「夢の実現」での葛藤について，真剣に考え，「はじめにした約束を守るべきだ」と発言するなど，誠実な生き方について考えました。このように，自分の生き方に向き合い，考えを広げ，深めながら学んでいます。

・「銀のしょく台」の学習では，「自分がジャンでも同じようにしてしまうかもしれない」と発言するなど，相手の立場を考えて，広い心で許すことの大切さについて考えを深めました。

・お互いを理解する，広い心に関する学習では，これから先のことを考えて，謝った友達のことを許して，よい関係になったことを記すなど，自分の心を深く見つめて考えられました。

・公共の場での行動に関わる学習では，自分が図書館で静かにするよう心がけていることを想起し，社会との関わり方について自分を見つめて考え，自信につなげることができました。

・「一ふみ十年」の学習では，自然との共存について，キャンプで自然のすばらしさを感じたことをノートに記すなど，自分の経験を思い出しながら，考えを深めました。

・自然愛護に関する学習では，「小さいチングルマにある年輪に，植物の力を感じました」と発言するなど，自然のすばらしさを感じながら，共存の在り方について考えました。

132

・善悪の判断に関する学習では，「うばわれた自由」で責任ある自由を大切にしたいと記述し，「移動教室の夜」で自分の生活を振り返って考えを深めるなど，よりよい生き方を目指し，自分の在り方を真剣に見つめて考えました。

・親切についての学習では，「お礼を言われなくても，人のためにできることをしたい」と発言したり，国際親善についての学習では，「違う国のために，自分にできることがあったらすごい」と記述したりするなど，人のための行動について，意識して学びを深めました。

・「銀のしょく台」では，広い心で人を許すことを様々な視点から見つめたり，「一ふみ十年」では，自然との共存を複数の視点で考えたりと，学びを広げました。このように物事を広く見て，考えを広げ，深める学びを一層充実させています。

指導要録の文例

・登場人物に真剣に自我関与をして考え，価値理解や人間理解を，自分との関わりの中で深めている。

・真摯に学習に向き合い，ねらいとする道徳的価値に関して，自分の経験を振り返ることで，自己を適切に見つめて考えている。

・教材を活用した学習に真剣に取り組んでいる。自己を見つめる学習では，適切に現状認識を深めたり，これからの発展に向けて意欲を高めたりと，自己の生き方についての考えを深めている。

・道徳的事象に関わる問題を見出し，それぞれの学習に切実感をもって取り組んでいる。複数の視点からの考えを表出することで，多面的・多角的に考えを深めることができている。

・役割演技を活用した学習で登場人物になりきって，素直な心を表出するなど，自分との関わりで学びを深める姿が多く見られる。

・「もし自分だったら」と考えることができるようになり，物事を多面的・多角的に捉えながら学びを深める姿が，多く見られるようになった。

(野村　宏行)

通知表＆指導要録の NG 例

通知表の NG 表現

　不適切な，または望ましくない評価内容や表現は，通知表と指導要録で共通しているが，指導要録の方が若干多い。そのため，まずは，少ない方である通知表における NG 表現を示す。

❶数値などを使って表現すること

　「数値などによる評価は行わないものとする」とある。数値ではないが，それに準じたもの，あるいは，段階的な評価をしていると受け取られるような内容や表現も不適切である。

×授業中の態度は満点です，真剣に考える姿勢がワンランクアップしました，役割演技は一級品です，自分を振り返って書く力はいつも二重丸です，などはふさわしくない。

❷道徳性の諸様相を分節し学習状況を分析的に捉える観点別評価を通じて見取ること

　判断力や心情が高まったかどうかは，容易にわかるものではないし，たとえわかったとしても，それが道徳科の授業による成果なのかは不明である。

×道徳的判断力が高まりました，道徳的心情が深まりました，道徳的実践意欲がふくらみました，道徳的態度が培われました，などはふさわしくない。

❸他の子供と比較すること

　子供がいかに成長したかを積極的に受け止めるため，個人内評価でなければならない。

×役割演技を学級で一番一生懸命行います，登場人物の心情を誰よりも豊かに想像します，他の子供に比べて自分をしっかり見つめることができます，などはふさわしくない。

❹子供の学習状況を否定的に捉えること。わからない，できないことを書くこと

　子供の成長を積極的に受け止め，認め，励ますことが評価の基本である。その逆は不適切である。教師にそのつもりがなくても，否定的に解釈されるような表現は控える。

×全体での発表は苦手ですがペアでは自分を表現しています，今学期は書く活動にあまり熱心ではありませんでしたが，動作化でしっかり考えました，などはふさわしくない。

❺道徳科の授業以外の学習状況を書くこと

道徳科以外の学校，家庭生活の様子を書くことは，道徳科の評価の「守備範囲」ではない。道徳科で学んだことが生きていると想定されたとしても，そのつながりは不明確である。

×係活動では自分の役割を自覚し……，けがをした友達を思いやって保健室に……，道徳科で学んだことを生かし学校のきまりを守って……，などはふさわしくない。

❻性格やものの見方を推測して書くこと

子供の性格やものの見方，その傾向などは容易に判断できるものではない。たとえ，道徳科の授業でなんとなく想定されたとしても，道徳科の評価として記述することは不適切である。

×素直で明るい性格で……，常に前向きな考え方をしており……，内省的な考え方をする傾向があり……，などはふさわしくない。

❼何の教科なのかわからない，あるいは他の教科の学習状況のような表現をすること

学習状況とはいえ，道徳科に関するそれを書くことが重要である。道徳科の目標を再度確認して，その視点を記述に生かすことが必要である。

×自分の考えをしっかりノートに書くことができます，自分の意見を堂々と発表します，ノートの字がとても丁寧で……，教材文をすらすらと読み……，などはふさわしくない。

❽内容項目について単に知識として理解した，押しつけられたかのような表現をすること

「考え，議論する道徳」へと質的な転換をすることが求められている。押しつけ道徳，読み取り道徳，観念的理解と受け止められるような表現をしないことが重要である。

なお，「大くくりなまとまり」という大原則を踏まえるため，表記を一つの内容項目にとどめず，複数の内容項目「『○○○○』と『○○○○』の学習では……」とする学校もあろう。また，通知表といえども，指導要録と評価の基本的な考え方を同じくするため，内容項目や道徳的価値を書くことを控える学校もあるかもしれない。

×多くの子供の主張する「命が大切だ」という意見に最後には賛成することができました，主人公のよさを読み取りました，などはふさわしくない。

❾専門的な用語を使うこと

教師でなければわからない用語や内容を通知表に書くことは不適切である。保護者や子供にもわかるような平易な表現に変えて書くことが必要である。

×登場人物に自我関与し……，一つ一つの内容項目について……，道徳科のねらいに即して……，多面的・多角的に思考し……，道徳的諸価値について……，などはふさわしくない。

3章　道徳科の通知表＆指導要録作成のポイント　◆　135

❿一つの授業の学習状況だけで書いているかのように捉えられてしまうような表現をすること

　年間や学期といった一定の時間的なまとまりの中での子供の学習状況や道徳性に係る成長の様子を評価することが重要である。したがって，教材名を書くとしても，様々な学習の積み重ねの中で，特にその子供の道徳性に係る成長がわかるような書きぶりが工夫できるとよい。

　また，一文目に，多面的・多角的な学びのよさを書いた上で，二文目で「例えば，教材『○○○○』では」のように例示的に記述することや，複数の教材名を書くこと，また，「伝記教材では」などのように学習した複数の教材をひとまとめにした表現などにすることもよい。

×教材「はしの上のおおかみ」では楽しく動作化をしました，教材「一ふみ十年」ではとてもがんばって発表しました，などはもうひと工夫できるとよいかもしれない。

　くり返しになるが，通知表にどのように記述するかについては，各校が学習指導要領等の趣旨を踏まえ，校長を中心に教職員の共通理解の下，適切に保護者に説明することが欠かせない。

指導要録の NG 表現

❶「教材名」を書くこと

　通知表で「教材名」を書くのは，保護者や子供に成長の様子を認め，励ます内容がより一層伝わること，また，通知表は校長の判断でその内容を決められることが理由である。

　指導要録は，保護者や子供が読むものではないため，教材名を書く必要はない。しかも，教材名を書かなければ，「大くくりな」という大原則が遵守される上に，教材名の文字数のために本来書かねばならない内容が文字制限を受けなくてもすむ。

×読み物教材「銀のしょく台」の学習では……，教材「ハムスターの赤ちゃん」の学習の時には……，などは書いてはならない。

❷具体的な道徳的価値や内容項目を書くこと

　通知表では，保護者や子供に学習状況のよさを伝える上での「例示」として，道徳的価値や内容項目に関する記述をする学校がある。しかし，指導要録に道徳的価値や内容項目を書いてはならない。「大くくりなまとまり」による評価にならない上に，道徳性を養うことを目標とする道徳科において，内容項目は，道徳性を養う「手がかり」にすぎないからである。内容項目や道徳的価値の理解ができたとしても，道徳性が高まったとはいえない。

×「善悪の判断，自律，自由と責任」の学習では……，内容項目「家族愛，家庭生活の充実」について考える時……，などは書いてはならない。

（坂本　哲彦）

4章

道徳授業
＆
評価
に関わるＱ＆Ａ

Q1 大くくりな評価とはどのようなことでしょうか？

　各教科では，目標に準拠した評価をベースに，観点別の学習状況の評価と総括的な評価としての評定が行われている。道徳科の評価は，児童がいかに成長したかを積極的に受け止めて認め，励ます個人内評価として実施することが基本となる。評価に対する考え方は大きく異なる。これが「特別の教科　道徳」として，新たな枠組みが位置づけられた所以の一つでもある。道徳性が養われたかどうかは，児童の人格に関わることであり，安易に判断できるものではなく，観点別に分析的に評価することはなじまず，妥当でないためである。

　道徳科の授業では，児童の学習状況や道徳性に係る成長の様子を継続的に把握し，指導に生かしていく必要がある。すなわち，毎回の道徳科の授業を着実に積み重ねていく中で，学習に前向きに参加する力を高め，授業を通して，成長していく姿をあたたかく見守り，見届け，見取っていくことが評価の基本であるといえよう。したがって，単発，数回の授業での印象的な発言や活動だけで評価をしてはならない。年間や学期といった一定の時間的なまとまりの中で，長い目で見取っていく必要がある。

　また，特定の内容項目だけにとらわれず，内容項目相互の関連性や発展性をも考慮したり，ABCDの四つの視点のまとまり（くくり）という広い目で捉えたり，これまでの学習を多面的・多角的に生かす学びの姿勢やノートなどに累積された価値理解や振り返りの履歴などからトータルに捉えていくことが大切である。すなわち，分子だけにとらわれず，分母もしっかりと見取っていくということが「大くくりな評価」の考え方である。いわば，「木を見て森を見ず」な偏狭な評価とならないようにという留意事項として捉えることができる。しかし，長い目，広い目，トータルな見取りは，決してアバウトに見るということではない。1単位時間の授業，毎回の授業で図のように，児童が一面的な見方から多面的・多角的な見方へと発展しているか，道徳的価値の理解を自分自身との関わりの中で深めているかという学習状況の評価の視点を意識していくこと，評価の精度を上げていくこと，その集大成として大くくりな評価が成り立つことをしっかりと受け止め，着実な実践を積み重ねてほしい。

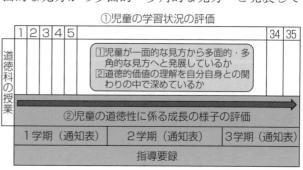

（廣瀬　仁郎）

Q2 評価をどうやって次の授業に生かせばよいでしょうか？

PDCAサイクルを効果的に活用する

　1時間の授業を終え，教師は授業の振り返りを行う。何を基にして振り返りを行うかが重要である。授業計画（P），授業実践（D），授業評価（C），授業改善（A）それぞれに振り返りの観点があるが，今回は授業での指導と評価に焦点を絞り以下に示す。振り返りをするために必要な観点はいろいろとあるが実際の授業を振り返る時に大切な観点は以下の内容についてである。教師は自身の授業評価を行うために，予め評価内容を決め右の授業力自己診断シートにしたがって評価する。自己診断する時に必要なことは，

①ねらいを達成できたかを授業の様子や児童のワークシートから見取ることができる。

②多面的・多角的な見方で児童が学習活動を行っているかを授業の児童同士の発言，板書の内容，ワークシートの振り返りから見取ることができる。

番号	振り返りの観点
1	教材研究を行って授業に臨んでいる
2	児童一人一人の学習意欲を把握している
3	児童一人一人の本時の学習の達成状況を把握しようとしている
4	児童一人一人の変化を把握しようとしている
5	児童の発言や行動を共感的に受け止めている
6	児童の反応や変容に気づき，授業に生かしている
7	学習状況に応じて適時・的確な判断を行っている
8	授業のはじめに学習のねらいを児童に明確に示している
9	児童の主体的な学習を促す工夫を行っている
10	発問の工夫をしている
11	児童の反応を生かしながら授業を構成している
12	効果的な板書をしている
13	授業のまとめを工夫している

【授業力自己診断シート】

③道徳的価値の理解を自分との関わりで深めているかについても児童の発言やワークシートを基に見取ることができる。

　①②③が達成できているかどうかを，座席表を活用し際立った児童についてチェックをしたり，授業後に児童のワークシートから授業評価を行ったり，板書をデジタルカメラで撮って板書内容から授業評価を行い週案に次の授業で改善すべきことを記したりして，授業改善をくり返しながら自身の授業力を上げる工夫をすることができる。

　多くの学校では，同じ曜日の同じ時間に，学年ごとに同じ教材で道徳の授業を行っている。だが，授業者が変われば指導方法が異なり児童の反応も変わってくる。同じ教材を使っても隣のクラスではねらいに迫るよい授業が展開できているのに，自分の学級では十分達成できないこともある。そんな時は，授業後に教員間で情報交換を行いよい授業をまねすることが授業力を上げる手立ての一つになる。

(吉田　修)

**通知表と指導要録に記入する文章には
どのような違いがありますか？**

評価の基本的な考え方

①児童が学習活動を通して多面的・多角的な見方を発展させているか
②道徳的価値の理解を自分自身との関わりで深めているか
の視点で捉えることが重要である。

通知表と指導要録の違いについて

　通知表は学校ごとに作成することができ，学校での様子を保護者に通知表を通して伝えることができる。教育用語のような専門用語は使わずにわかりやすい言葉で児童の学習に対する取り組みについて伝える必要がある。
　一方，指導要録は法律上，記述することが義務づけられており，5年間の保管も義務づけられている。記述欄も通知表に比べると狭く事実の記述のみになる。

通知表の記述例

　保護者に伝えるものなので，平易でわかりやすい文章であることが大切で，児童の思いと教師の思いが乖離しないことが重要である。10時間分程度のワークシートと学期末の振り返りを参考に通知表に記述する。蓄積したデータの中から児童の道徳性のよさが表出しているワークシートを一つか二つ選ぶ。その時に学期末の振り返りも参考にする。一つの例として，
①具体的な教材名　　　　　　　　②多面的・多角的についてどうであったか
③自己への深まりはどうであったか　④児童への励ましの一言
以上①から④の内容を組み込み記述する。具体的には，
　「『あこがれのアナウンサー』では，友達との話し合いで，他の考え方があることにハッと気づき，教材を通し，自分ががんばれるサッカーをがんばろうという意欲をもてるようになりました。自分の夢を実現するために，努力していけるといいですね」
などが考えられる。

（吉田　修）

Q4 １時間で一人一人の学習状況を確認するのは難しいです。どのような方法がありますか？

１時間でクラス全員の学習状況は見取れない

　１時間でどのくらいの児童の学習状況を把握できるだろうか。少人数学級でないかぎり，１時間でクラス全員の学習状況を見取ることはかなり難しいのではないだろうか。１時間に５人ずつ見取れたとすると，３学期制であれば，１学期（約12回の授業）で延べ60人を見取ったことになる。そのため，偏りがないように授業ごとに評価する対象を意図的に絞って学習状況を見取ることが必要となる。「次の授業では，普段，発言や記述があまり見られないこの児童にぜひ深く考えてほしい」と対象を絞ってみると，その子に考えさせるために発問や板書計画を考えるなど授業改善にもつながっていく。

【どんな方法が考えられるか】
・授業中の発言や感想文，質問紙の記述などから見取る。
・作文やレポート，スピーチやプレゼンテーションなど具体的な学習の過程を通じて学習状況や道徳性に係る成長の様子を把握する。
・授業後の休み時間などを使って，「どうしてそんなふうに考えたのか」を児童との会話を通して聞き出す。（面接法）
・学校長や教頭の参加，他の教師と協力的に授業を行うといった機会をつくる。学級担任が普段の授業とは違う角度から子供たちの学習過程を見取ることで，子供たちの成長の様子に気づく教師の目を養える。
・他の教師に授業を見てもらい授業の後に子供たちの様子についてコメントをもらったり，検討したりしていく。（自分では見取れなかった子供たちの成長の様子に気づける。他の教師も見る目が育つ）

【留意点】
・話すことに抵抗を感じている児童に対しては，その考えを書かせたノートなどを評価の資料に用いるなど適切な配慮も必要。
・学習過程を通じて，いかに成長をしたかを見取っていく教師の目を養っていくことが大切。
・評価をするために記録をとらせたり，演じさせたりするのではないということ。（深く考え，成長を促す活動にする）

（佐々木　篤史）

道徳授業に否定的な保護者がいます。どのような配慮が必要でしょうか？

　保護者が道徳の授業に対して否定的な見方をするのには，多様で様々な要因が考えられる。例えば，
・小・中学校時代に道徳授業に対して嫌なイメージが形成されてしまった。
・いまだに戦前の修身科のイメージをもち続け，政治的・国家的な心情統制につながるという懸念をもち続けている。
・道徳性や人間性まで評価されてしまうのではないかと考えている。
・価値の押しつけや注入により道徳的な行動を外側から縛られ，要求されると考えている。
・もっと学力を高めたり，受験に役立ったりする教科指導に力を入れてほしい。
などである。
　個人面談や家庭訪問の機会を活用し，道徳授業に対しての受け止め方・考え方に耳を傾けていく中でその原因や対応策が見えてくる。道徳授業の大切さを教師が一方的に説くことは避け，はじめは，保護者の考えを傾聴し，その思いや不安に頷きながら，「なるほど，道徳の授業に対してそういうふうに考えていたんですね」と受け止める。否定されるとますます頑なになるが，教師に受け止められたことで，徐々に心を開いていく糸口が見つかるはずである。長い間に形成されてきた思いなので，あせらず，時間をかけて対応していきたい。保護者の心配や不安はあるが，道徳科の授業は，日本国憲法，教育基本法が基盤にあり，自他の幸福を願い，社会の中で自らのよりよい生き方を育んでいく大事な時間である。特に，今回の改訂では，「特定の価値観を押し付けたり，主体性をもたず言われるままに行動するよう指導したりすることは，道徳教育が目指す方向の対極にあるものと言わなければならない」「多様な価値観の，時に対立がある場合を含めて，誠実にそれらの価値に向き合い，道徳の問題を考え続ける姿勢こそ道徳教育で養うべき基本的資質である」という基本的な考え方が強調されている。この考え方は，多様な価値観がある中でも否定できない，誰もが納得できる，極めて説得力のある考え方である。
　年度当初の学級懇談会などで生まれ変わった「特別の教科　道徳」の意義や内容について，上記の考えを示しながら，説明できるパンフレットを作成し，示していくことも有効である。道徳授業に対する誤解があったことにも気づいてくれるはずである。ともあれ，実際の道徳科の授業も見てもらい，その後の学級懇談会で正しい道徳授業の在り方・考え方を示していくことが何よりも説得力がある。

（廣瀬　仁郎）

Q6 道徳科の評価は，なぜ個人内評価なのでしょうか？

他の教科と同じように評価してはダメなのか？

観点別評価のために新学習指導要領で求められている三つの柱にあてはめると…

知識及び技能	思考力・判断力・表現力等	学びに向かう力・人間性等
道徳的諸価値についての理解	自己を見つめ，物事を多面的・多角的に考え，自己の生き方についての考えを深める	よりよく生きるための基盤となる道徳性

　児童が「自己を見つめ」「多面的・多角的に」考える学習活動において，「道徳的諸価値についての理解」と「自己の生き方についての考え」を，相互に関連づけることによって深い理解，深い考えとなるとしているので，道徳科ではこの三つの柱を容易に切り分けることが難しい。

　そもそも道徳性が養われたかどうかは容易に判断することができないという前提があり，さらに道徳性の諸様相である「道徳的な判断力，心情，実践意欲と態度」はそれぞれが相互に関係し合っており，切り分けられるものではない。また，諸様相がそれぞれ，どれだけ育ったかという観点別評価もできない。さらに，目標準拠による評価基準があると，教師の求める（と思われている）答えを発言したり，記述したりする授業になりかねない。

個人内評価は何がいいのか？

　個人内評価は，児童一人一人のもつ可能性やよい点などのいろいろな側面，進歩の状況などを把握することができる評価方法である。実際に行うためには，道徳科の授業でのねらいとの関わりにおける児童の学習状況や道徳性に係る成長の様子を様々な方法で捉えていくことが必要である。また，教師が児童一人一人の人間的な成長を見守り，児童自身が自己のよりよい生き方を求めていく努力を評価し，それを勇気づける働きをもつようにすることが求められる。教師と児童との人格的なふれあいによる共感的な理解が個人内評価を適切に行うための鍵である。指導要録や通知表のことを考えると評価のための評価になりがちだが，共感的な理解の上で個人内評価を行うことは児童が自らの成長を実感することにつながり，さらに意欲的に取り組もうとするきっかけとなっていく。子供たちの成長を促すためには，やはり個人内評価が適切だということである。

(佐々木　篤史)

4章　道徳授業&評価に関わるQ&A　◆　143

【編著者紹介】

毛内　嘉威（もうない　よしたけ）

秋田公立美術大学副学長・教授，博士（学術）。
青森県公立小学校教諭，弘前大学教育学部附属小学校主幹，青森県総合学校教育センター指導主事，平成25年より秋田公立美術大学教授・美術教育センター長を経て現職。
文部科学省『小学校学習指導要領解説　特別の教科　道徳編』作成協力者。「論説　道徳科の指導と評価の一体化」『初等教育資料』2018年1月号（東洋館出版社）。編著書『道徳科Q＆Aハンドブック』（日本教育新聞社，2018年）等。

【執筆者紹介】（執筆順）

浅見　哲也	文部科学省初等中等教育局教育課程課教科調査官	
廣瀬　仁郎	法政大学兼任講師	
広中　忠昭	麗澤大学講師	
東風　安生	北陸大学教授	
吉田　修	東京都府中市立府中第九中学校	
北川　沙織	愛知県名古屋市立小坂小学校	
庄子　寛之	東京都調布市立多摩川小学校	
木下　美紀	福岡県新宮町立新宮北小学校	
川村　晃博	岩手大学教育学部附属小学校	
早川　裕隆	上越教育大学教授	
加藤　宣行	筑波大学附属小学校	
野村　宏行	東京都東大和市立第八小学校	
堀井　綾子	秋田県秋田市立御所野小学校	
永井　裕	神奈川県横浜市立生麦小学校	
菅原　友和	新潟県新潟市立五十嵐小学校	
坂本　哲彦	山口県山口市立上郷小学校	
佐々木篤史	弘前大学教育学部附属中学校	

道徳科授業サポートBOOKS
道徳授業のPDCA
指導と評価の一体化で授業を変える！

2018年12月初版第1刷刊　Ⓒ編著者　毛　内　嘉　威
　　　　　　　　　　　　発行者　藤　原　光　政
　　　　　　　　　　　　発行所　明治図書出版株式会社
　　　　　　　　　　　　　　　　http://www.meijitosho.co.jp
（企画）茅野　現　（校正）嵯峨裕子
〒114-0023　東京都北区滝野川7-46-1
振替00160-5-151318　電話03(5907)6701
ご注文窓口　電話03(5907)6668

＊検印省略　　　　　　　組版所　広研印刷株式会社

本書の無断コピーは、著作権・出版権にふれます。ご注意ください。

Printed in Japan　　　　　　　　ISBN978-4-18-257018-6
もれなくクーポンがもらえる！読者アンケートはこちらから